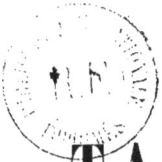

NOUVEAU
TARIF DES DOUANES

POUR

Le Commerce extérieur de l'Empire de Russie

PAR LES FRONTIÈRES EUROPÉENNES

ENTRÉ EN VIGUEUR LE 1|13 JUILLET 1891

NOUVEAU TARIF DES DOUANES

Pour le Commerce extérieur de l'Empire de Russie par les Frontières Européennes

Entré en vigueur le 1/13 Juillet 1891

———◄═❦═►———

I. Tableau des droits d'entrée.

DÉNOMINATION DES MARCHANDISES	Droits. R. C. (en or).
1. Céréales de toute espèces, hormis le riz, pommes de terre, pois et fèves	exempts.
2. Riz :	
1) mondé poud	— 70
2) non mondé (en cosses) poud	— 40
3. Farine, malt et gruaux de toute espèce (hormis la fécule de pomme de terre) poud brut	— 20
4. Fécule de pommes de terre et amidon de toute espèce, vermicelle et macaroni, arrowroot, leyocome, dextrine, sagou, son d'amandes non parfumé poud	1 40
Remarque. Les marchandises ci-dessus dénommées, importées en paquets, boîtes et autres enveloppes de petites dimensions, acquittent un droit de 1 r. 75 c. en or par poud conjointement avec le poids de l'emballage.	
5. Légumes :	
1) légumes communs non préparés, oignon et ail en gousses poud brut	— 12
2) légumes salés et trempés poud brut	— 55
3) légumes de toutes espèces séchés pour la consommation, asperges,	

(1) TABLEAU DES MONNAIES, MESURES ET POIDS RUSSES VISÉS DANS LE TARIF GÉNÉRAL, ÉVALUÉS SELON LE SYSTÈME MÉTRIQUE FRANÇAIS.
Rouble or = 100 copecks = 4 francs.
Livre = 0,410 kilogrammes.
Poud = 40 livres = 16 kilogr. 380.
Védro = 12 litres 290.
Bouteille = 1/20 de védro = 0,615 litre.
Verschok = 4 centimètres 445.

(C.)

DÉNOMINATION DES MARCHANDISES	Droits. R. C. (en or).
artichauts, choux-fleurs, pois verts, importés à l'état de légumes frais, chicorée en racines, non torréfiée, non préparée poud brut	— 40
6. Fruits et baies :	
1) fruits et baies frais, salés, trempés et autres de toute espèce, hormis ceux spécialement dénommés poud brut	1 20
2) oranges douces, citrons et oranges amères, frais poud brut	— 70
3) écorces de citrons, d'oranges, d'oranges amères, séchées ou en saumure poud brut	— 50
4) raisins frais poud brut	1 60
7. Fruits et baies secs de toute espèce, tels que : pruneaux, figues, dattes, raisin sec et autres, non sucrés ; confitures turques dites rakhat-loukoume ; halva poud	1 80
Remarque. Les fruits et baies secs importés dans de petits récipients devenant la propriété de l'acheteur, acquittent les droits y compris le poids de ces récipients.	
8. Raisins de Corinthe	exempts.
9. Câpres, olives vertes et noires, sèches, en saumure ou à l'huile, importées en tonneaux, corbeilles ou autres récipients non hermétiquement fermés poud	2 —
10. Anis, cumin, coriandre, noix d'oranges (oranges amères non mûres, séchées) ; caroubes (ou carouges) poud	— 50
11. Noix et noisettes	
1) de bois et de jardin de toute espèce, hormis celles spécialement	

DÉNOMINATION DES MARCHANDISES	Droit. R. C. (en or).
dénommées: noyaux de pêches, d'abricots; grains de courge nettoyés; châtaignes et noix de coco poud	1 —
2) amandes avec ou sans coques; pistaches poud	2 —
12. Moutarde sèche, moulue, non préparée :	
1) importée en tonneaux et autres grands récipients poud	— 50
2) importée en récipients de petites dimensions (en pots, boîtes en fer-blanc, fioles), restant à l'acheteur,— conjointement avec le poids des récipients poud	— 75
13. Pâtés, condiments divers, tels que : moutarde préparée, soya, pickles; câpres, olives vertes et noires, légumes, fruits et autres aliments de toutes espèces à l'huile, au vinaigre ou autrement préparés (en conserves), importés en récipients de verre, de terre cuite, de fer-blanc ou autres hermétiquement fermés, — hormis ceux spécialement dénommés poud brut	5 —
Remarque. Les câpres, olives vertes, olives noires, concombres et autres légumes préparés au vinaigre, importés dans toute espèce de récipients; les extraits de viande, — acquittent les droits d'après cet article.	
14. Truffes, champignons de couche et autres au vinaigre, à l'huile ou en saumure, truffes sèches et fraîches poud brut	7 20
15. Epices :	
1) vanille et safran poud	14 40
2) cardamome, fleurs de muscade et noix de muscade poud	4 80
3) clous et griffes de girofle, cannelle, poivre, gingembre, graine de dictame (badiane) et toutes autres épices non spécialement dénommées poud	3 —
Remarque. Les épices de toute espèce réduites en poudre acquittent 50 0/0 en sus des droits fixés au présent article, conjointement avec le poids de l'emballage	
16. Feuilles de laurier, baies de laurier. galanga (kalgan poud brut	1 30
Remarque. Le galanga pulvérisé acquite 25 0/0 en sus des droits fixés au présent article.	

DÉNOMINATION DES MARCHANDISES	Droits. R. C. (en or.)
17. Chicorée, glands de chêne torréfiés et autres succédanés du café, en morceaux, mais sans mélange de vrai café poud	— 75
18. Café :	
1) brut en fèves poud	3 —
2) torréfié, en fèves et moulu ; les succédanés de café moulus ou pressés, de toute sorte, conjointement avec le poids de l'emballage poud	4 —
Remarque. L'essence de café et l'extrait de café acquittent les droits d'après l'art. 24, § I.	
19. Cacao en fèves et écales de cacao :	
1) brut poud	3 —
2) torréfié poud	4 —
20. Thé de toute sorte, importé par la frontière d'Europe poud	21 -
Remarque. Les thés importés par la douane d'Irkoutsk et, à l'occident de celle-ci, par les frontières de la Sibérie et du gouvernement général des Steppes, acquittent : *a.* les thés noirs, à fleurs, verts et jaunes 13 r. en or par poud; *b.* les thés en briques 2 r. 50 c. en or par poud, et *c.* les thés pressés en tablettes, munis de certificats des consulats, constatant qu'ils sont de préparation russe, et portant les marques des fabricants russes sur chaque tablette 10 r. en or par poud.	
21. Tabac :	
1) en feuilles et en paquets de feuilles, avec ou sans tiges, ainsi que les tiges seules poud	15 40
2) haché à fumer, râpé, à priser; tabac de toute espèce en rouleaux, en rondelles et en carottes livre	1 30
3) en cigares; haché et roulé dans des feuilles de tabac; cigarettes livre	3 20
22. Sucre :	
1) Sucre brut; sucre pilé ou moulu, ne contenant pas de morceaux, de toute espèce poud	3 —
2) sucre raffiné, mélis; lumps et sucre candi en pains et en morceaux poud	4 —
Remarque. Le ministre des finances a la faculté, lorsque les prix du sucre brut oscillent à St-Pétersbourg entre 6 r. et 6 r. 60 c. et à Odessa ou à	

DÉNOMINATION DES MARCHANDISES	Droits. R. C. (en or).

Kiew entre 5 r. 50 c. et 6 r. le poud, de solliciter du comité des ministres l'autorisation de réduire temporairement les droits d'entrée sur le sucre brut jusqu'à 1 r. 50 c. en or par poud. Cette réduction de droits ne devra pas, toutefois, entrer en vigueur avant 2 mois à partir du jour où elle aura été publiée.

23. Miel vierge et mélasse de miel; sirops de sucre sans mélanges améliorants; mélasse de sucre raffinée, mélasse de pomme de terre de toute sorte; sucre de fécule ou de raisin à l'état concret sans mélange; couleur pour colorer les boissons; maltose; extraits de malt et de maltose, sans mélanges   poud brut   1 20

24. Produits de confiserie, hormis ceux spéccialement dénommés :

1) bonbons, confitures, sirops de sucre avec mélanges améliorants; sirops de fruits et de baies; pâte de fruits (pastila), gelée, poudres et pastilles de fruits avec sucre, fruits au rhum, en liqueurs, au cognac, en sirop et en jus; lait concentré et autres substances alimentaires au sucre; chocolat avec ou sans sucre, cacao broyé avec sucre   poud brut   9 60

2) marmelade sans sucre; cacao broyé sans sucre   poud brut   6 60

3) pain d'épices et pâtisseries diverses — avec ou sans sucre   poud brut   4 20

25. Levures :

1) de semences et levures liquides de toute sorte   poud   — 90

2) sèches et pressées de toute sorte   poud   2 —

26. Houblon et extrait de houblon :

1) houblon   poud   10 —

2) extrait de houblon   poud   30 —

27. Arack, rhum, eaux-de-vie de France (de raisins) cognac, eau-de-vie de prunes (slivovitza), kirsch, gin, wkisky, alcools de grains et eau-de-vie de grains, sans mélanges améliorants :

1) importés en futailles et barils   poud brut   12 —

2) importés en bouteilles, ainsi que liqueurs et infusions spiritueuses avec ou sans sucre, importés en ré-

DÉNOMINATION DES MARCHANDISES	Droits. R. C. (en or.)

cipients de toute sorte.

la bouteille (1/20 de védro)   1 —

28. Vins de raisin et de baies :

1) de toute espèce, en fûts et barils   poud brut   4 —

Remarque. Les vins sujets aux droits d'après le § 1, contenant plus de 16° d'alcool, acquittent une surtaxe de 12 cop. en or pour chaque degré d'alcool en sus.

2) non mousseux, en bouteilles la bouteille (1/20 de védro)   — 45

3) mousseux de toute espèce la bouteille   1 40

29. Hydromel, porter et bière de toute sorte; cidre :

1) en futailles et barils   poud brut   1 50

2) en bouteilles   la bouteille   — 20

30. Jus de fruits ou de baies sans sucre, avec ou sans addition d'alcool   poud brut   — 7

Remarque. Les jus de fruits contenant de l'alcool acquittent, en sus des droits d'entrée prélevés sur leur poids, une surtaxe de 12 cop. en or pour chaque degré d'alcool. Les jus de fruits contenant plus de 16° d'alcool sont sujets à l'art. 27, § 2.

31. Vinaigre de toute sorte, hormis le vinaigre de toilette :

1) importé en futailles ou en autres récipients de grandes dimensions   poud brut   1 30

2) importé en bouteilles la bouteille (1/20 de védro)   — 15

Remarque. Ne peut être reconnu comme vinaigre que le liquide ne contenant pas plus de 8 0/0 d'acide acétique; les dissolutions plus concentrées sont taxées comme acide acétique.

32. Eaux minérales, naturelles ou artificielles   la cruche ou la bouteille   — 4

33. Sel de cuisine de toute espèce :

1) importé par mer et par voie de terre, hormis les points indiqués au § 2.   poud   — 20

2) importé par les ports du gouvernement d'Arkhangel   poud   — 10

Remarque 1. Le sel destiné à la salaison du poisson peut être importé sur la côte Mourmane en franchise de droits et en quantité illimitée.

DÉNOMINATION DES MARCHANDISES	Droits. R. C. (en or).

Remarque 2. Le sel de table épuré importé en petits récipients passant à l'acheteur, acquitte, conjointement avec le poids de ces récipients, un droit de 30 cop. en or par poud.

34. Viande salée, fumée, ou essorée, saucissons — poud — 1 —

35 Fromage — poud — 6 —

Remarque. Les fromages importés dans des enveloppes de plomb ou de fer-blanc acquittent les droits conjointement avec le poids de ces enveloppes

36. Beurre de vache et de brebis — poud — — 50

37. Poisson :

1) frais :

a. turbots, soles, truites — poud brut — 2 40

b. de toute espèce, hormis celui dénommé au § 1, lettre *a*, poud brut — — 12

2) mariné, à l'huile ou farci de toute espèce ; caviar — poud brut — 5 —

3) salé et fumé de toute espèce (hormis les harengs) — poud brut — 1 20

4) harengs salés et fumés, morue et poisson séché et essoré de toute espèce — poud brut — — 27

Remarque. Le poisson frais de toute espèce importé sur caboteurs, même sans certificats constatant sa provenance russe, ainsi que le poisson frais salé, séché et essoré, importé sous pavillon russe dans les ports du gouvernement d'Arkhangel par les habitants de ce gouvernement, est exempt de droits d'entrée.

38. Huitres, homards, escargots, oursins et autres crustacés et coquillages, frais, salés, séchés et marinés — poud brut — 2 40

Remarque. — Les produits mentionnés dans le présent article acquittent les droits d'entrée d'après l'art. 13 s'ils sont importés en récipients hermétiquement fermés.

39. Comestibles non spécialement dénommés ; condiments destinés à l'alimentation des animaux, spécialement préparés. — poud brut — — 12

Remarque. Les condiments destinés à l'alimentation des animaux, composés de débris ou de produits accessoires de fabrication (mélasse

DÉNOMINATION DES MARCHANDISES	Droits. R. C. (en or.)

noire et autres), sont exempts de droits d'entrée.

40. Animaux domestiques, chevaux, animaux de toute espèce, hormis ceux spécialement dénommés; — exempts

41. Engrais; os bruts et ouvrés :

1) engrais naturels (guano, fiente d'oiseaux); os bruts de toute espèce, hormis ceux spécialement dénommés; scories de Thomasse non moulues — exempts

2) os bruts moulus, phosphorites moulus, scories de Thomasse moulues — — 2

3) superphoshates, os traités à l'acide sulfurique; engrais composés et poudrettes de toute espèce pour l'amendement du sol — poud brut — — 5

4) os calcinés, cendre d'os, charbon d'os — poud brut — — 12

42. Suie ou noir de fumée de toute espèce — poud — — 50

43. Colles :

1. colle de poison, de toute espèce; gélatine de toute sorte (en feuilles minces ou épaisses), colle apprêtée, composition de gélatine et de glycérine — poud — 6 —

2) colle d'os, colle forte, colle de cordonnier; agar-agar (colle végétale) — poud — 1 20

44. Cornes de toute espèce et sabots; parties d'animaux et produits d'animaux employés en médecine et non spécialement dénommés — exempts

45. Cheveux et crins non ouvrés :

1) cheveux d'homme — poud — 6 —

2) crins et soies de porc de toute espèce — poud — — 12

46. Cheveux et crins ouvrés :

1) cheveux d'homme ouvrés — livre — — 80

2) crins et soies de porc ouvrés ; tissus de crin, tamis de crin; objets en soies de porc montés en bois commun sans placage; pinceaux de soies de porc et autres de toute espèce pour peinture — poud — 3 —

47. Duvet et plume de toute espèce, hormis ceux spécialement dénommés — poud — — 50

48. Coussins, duvets et matelas, en plume, duvet, crin ou laine — poud — 2 —

49. Fanons de baleine, de toute espèce — poud — 2 80

50. Eponges — poud — 2 40

51. Graisse animale, huiles de pro-

DÉNOMINATION DES MARCHANDISES	Droits. R. C. (en or).	

venance animale :

1) graisse animale, hormis celle spécialement dénommée   poud brut   — 50

2) huile de poisson (de baleine, de phoque et autres) trouble, non purifiée, lard de baleine ou « ïastik », spermaceti non purifié   poud brut   — 75

3) oléine, acide oléique; graisse compacte obtenue après qu'on en a séparé l'oléine, brute ou fondue ; graisse traitée (décomposée) dégras   poud brut   1 20

4) spermaceti purifié, palmétine, stéarine   poud brut   1 70

5) huiles de provenance animale, de tout genre (huile d'os, de spermaceti, huile de poisson transparente, lanoline et autres), hormis celles spécialement dénommées   poud   2 20

52. Cire :

1) cire minérale brut (ozokérite), même fondue   poud brut   — 40

2) cire minérale purifiée (cérésine), paraffine, vaseline (hormis la vaseline purifiée, sans odeur et sans goût); cire d'abeilles, cire végétale de toute espèce, cire à greffer les arbres   poud brut   1 70

53. Chandelles et bougies de toute espèce, torches et mèches à feu   poud   2 80

54. Cuirs non travaillés ou peaux brutes, hormis les pelleteries ; cuir de poissons et d'amphibies :

1) secs et salés à sec   .poud   — 50

2) salés humides   poud   — 25

Remarque. Les rognures de cuirs non travaillés ou peaux brutes acquittent un droit de 50 cop. par poud

55. Peaux préparées :

1) petites (hormis celles dénommées au § 2): tannées, corroyées, hongroyées ou mégissées ; cuir chamoisé, cuir de veau, cuir de bouvillon; cuir de poissons et d'amphibies; petites courroies mégissées pour coudre les courroies de transmission   poud   11 —

2) maroquin, peau glacée chevreau, chagrin; peaux de tout genre avec ornement pressés; peaux laquées, petites   poud   15 —

3) grandes : de bœuf, de vache,

DÉNOMINATION DES MARCHANDISES	Droits. R. R. (en or).	

de cheval, de porc, tannés, corroyées, mégissées, en peaux ou demi-peaux; parchemin   poud   6 —

4) peaux laquées grandes   poud   8 50

Remarque. Les rognures de peaux préparées sont sujettes aux mêmes droits que les peaux dont elles proviennent.

56. Pelleteries :

1) peaux de castor, de martre, de renard bleu, de renard sivodouschka (renard au cou bleu), de chinchilla, de zibeline, de pékan, de renard argenté; peaux de loutre de mer éjarrées et teintes   poud   50 —

2) peaux de raton, de putois, d'opossum et de kangouro, de lapin, de blaireau, de mouton teintes ; peaux de loutre marine non éjarrées; queues de rats musqués et d'écureuils: peaux d'ours, de loups, de phoques, de veaux marins, de loutre, de tigre, de panthère et autres semblables qui ne servent pas à l'habillement   poud   6 60

3) peaux de renards et de martres, importées sous pavillon rrsse dans les ports du gouvernement d'Arkhangel par les habitants de ce gouvernement   poud   6 60

4) pelleteries de toute espèce, hormis celles spécialement dénommées   poud   18 —

Remarque 1. Les peaux de morse, de renne, de phoque et de dauphin blanc (biélouga), importées sous pavillon russe dans les ports du gouvernement d'Arkhangel par les habitants de ce gouvernement. ainsi que les pelleteries de toute espèce de chasse russe, à l'exception des peaux désignées au § 3 du présent article, sont exemptes de droits d'entrée.

Remarque 2. Les peaux de mouton non teintes acquittent les droits d'entrée d'après l'art. 54.

Remarque 3. Si les peaux dénommées au § 2 du présent article sont préparées de manière à imiter les peaux de qualité supérieure, elles acquittent les droits fixés au § 4 du présent article.

57. Ouvrages en peau ou en cuir :

DÉNOMINATION DES MARCHANDISES	Droits.	
—	R.	C.
	(en or).	

1) chaussures de toute sorte (hormis celles spécialement dénommées) achevées ou non achevées   livre   1   —

Remarque. Les cuirs ou peaux de toute espèce découpés pour chaussures et petits ouvrages, acquittent un droit de 75 cop. en or par livre.

2) chaussures pour dames, en étoffe de soie et en chevreau, achevées ou non achevées   livre   2   —

3) gants en peau de toute espèce : ouvrages en peau de chamois, en peau glacée, en maroquin, en parchemin, hormis les chaussures et les appareils de chirurgie   livre   3   —

Remarque. Les gants découpés, mais non cousus, acquittent un droit de 1 fr. 50 en or par livre.

4) harnais avec accessoires ; ouvrages de sellerie ; cravaches faites de petites courroies   livre   —   55

5) valises, malles, sacs de voyage et articles de chasse faits en peau, en tissus grossiers de jute et de chanvre ; carnets et portefeuilles en cuir ; peau préparée pour reliure ; tous autres ouvrages en cuir non spécialement dénommés, même avec parties métalliques ou en autres matières, s'ils ne constituent point des articles de tabletterie.   livre   —   70

6) courroies de transmission pour machines, non cousues et cousues ; brides de chasse de métiers à tisser, petites courroies rondes de transmission, fouets, seaux et autres ouvrages en cuir grossiers (ordinaires)   livre   —   20

58. Bois :

1) bois commun : bois de teck, acajou (de Honduras) :

a) en poutres, rondelles, perches ; bois de chauffage, bourrées, fagots.   exempts

b) en blocs, poutres équarries ou sciées (au-dessus de 2 pouces d'épaisseur).   poud   —   2

c) en planches et poutrelles (d'une épaisseur supérieure à 1/4 de pouce, jusqu'à 2 pouces inclusivement), non rabotées.   poud   —   6

Remarque. Les mêmes rabotées acquittent les droits d'après l'art. 59 comme ouvrages de charpenterie.

2) bois exotique pour ouvrages

d'ébénistes et de tourneurs, tels que : bois de gaïac, de cèdre, de cyprès, d'acajou (hormis celui de Honduras), de noyer, de palissandre, de palmier, ainsi que les bois odorants de toute espèce, en poutres, bûches, billes, planches.   poud   —   12

3) bois de toute espèce en feuilles de placage, d'une épaisseur ne dépassant pas 1/4 de pouce   poud   —   75

4) liège non ouvré   poud   —   12

Remarque. Les bois de teinture acquittent les droits d'après l'art. 125, § 1.

59. Ouvrages de charpenterie et de tonnellerie :

1) ouvrages de charpenterie en bois.   poud   —   12

2) ouvrages de tonnellerie ; douves façonnées   poud   —   24

60. Liège ouvré :

1) demi-ouvré (en plaques, cubes, etc.)   poud   2   —

2) liège ouvré   poud   3   —

61. Ouvrages en bois, hormis ceux spécialement dénommés :

1) ouvrages de menuisier et de tourneur, en bois commun, non vernis, non polis, sans placage ; chevilles ou clous en bois à l'usage des cordonniers   poud   —   70

2) ouvrages de menuisier et de tourneur, en bois exotiques, même non vernis et non polis ; ouvrages de menuisier et de tourneur en bois commun, vernis, polis, avec placage ; meubles en hêtre courbé, non cannés et non garnis, montés ou non montés   poud   2   —

Remarque. Les menus objets tournés, en bois de toute espèce (hormis ceux spécialement dénommés), pesant 1 livre et moins la pièce, acquittent les droits d'après le § 2 du présent article.

3) ouvrages de tout genre en bois sculpté (hormis ceux dénommés au § 4 du présent article) ; ouvrages de menuisier et de tourneur dorés, argentés et bronzés, ou avec ornements dorés, argentés et bronzés   poud   6   —

Remarque 1. Les droits fixés par le présent article sont applicables aux ouvrages de toute espèce en feu-

DÉNOMINATION DES MARCHANDISES	Droits. R. C. (en or).

tre, étoupes, papier-mâché, carton-pierre et autres compositions non métalliques, ainsi qu'aux ouvrages en bois pressé ou en albâtre appliqué en relief sur bois, — lorsque ces ouvrages imitent le bois sculpté ou tourné.

Remarque 2. Les cadres qui ne peuvent être séparés de glaces ayant plus de 50 verschok carrés, ainsi que les cadres des tableaux dont l'entrée est admise en franchise de droits et qui ne pourraient être suspendus séparément, acquittent un droit de 30 cop. en or par archine courante, les fractions d'archine comptant pour une archine entière. Dans tous les autres cas, les droits d'entrée sur les objets importés dans des cadres qui ne peuvent en être séparés, sont perçus conjointement avec le poids desdits cadres.

4) les ouvrages de menuiserie, de tourneur et de sculpture, avec ornements en cuivre ou alliage de cuivre et autres matières, avec incrustations ou marqueterie en bois (hormis la parqueterie), en cuivre, acier, nacre, ivoire, écaille, etc., à l'exclusion des objets pesant moins de 3 livres la pièce, qui acquittent les droits d'après l'art. 215 — poud — 10 —

Remarque. Ne sont point considérés comme ornements de cuivre ou d'alliages de cuivre, les poignées, anneaux, clous, pieds, roulettes, etc.

5) meubles et ouvrages en bois, cannés ou garnis :

a) cannés ou dont la garniture n'est qu'ébauchée — poud — 6 —

b) entièrement garnis d'étoffes ou de cuir — poud — 10 —

Remarque. — Les meubles qui, par le fini de la main-d'œuvre, se rapprochent de ceux énumérés au § 4 du présent article acquittent 40 0/0 en sus des droits fixés au § 5.

62. Plantes vivantes et sèches :

1) foin sous toute forme et paille non nettoyée — exempts

2) parties de plantes dans leur état naturel et semences non spécialement dénommées — poud brut — 10

3) graines de ricin, coprah — poud — 15

4) plantes vivantes, fleurs et feuilles, fraîches ou sèches (teintes ou non teintes), oignons et racines de fleurs, noix de terre; champignons frais ou séchés; plantes et parties de plantes médicinales; matières ouvrées pour la vannerie et le tressage, telles que : paille nettoyée ou teinte, joncs, osier et autres matières semblables pelées, rabotées, teintes ou blanchies — poud brut — 50

63. Chardons cardères — poud brut — 20

64. Ouvrages de vannerie et ouvrages tressés avec des matières végétales :

1) paniers grossiers à linge et à habits ou servant à l'emballage et au transport de marchandises, — confectionnés en rubans de bois, écorce d'arbre, osier et jonc non fendus, avec ou sans autres matières communes; tapis de pied; tapis en bandes, paillassons en matières végétales communes non fendues, nattes, balais ordinaires

a) non peints — poud — 60

b) peints ou vernis — poud — 1 20

2) paniers de toute espèce, hormis ceux dénommés au § 1; ouvrages tressés de toute espèce en osier fendu, en fibres végétales, paille, feuilles de palmier, copeaux, hormis ceux spécialement dénommés; objets d'ameublement pour la décoration des appartements et jardins et les parties constitutives d'autres ouvrages, tels que : meubles de toute espèce, cadres, vases, corbeilles pour fleurs, pavillons de jardin, caisses en vannerie pour équipages, etc., peints ou non peints, non garnis en d'autres matières communes;

a) pesant plus d'une livre la pièce — poud — 5 —

b) pesant une livre et moins par pièce — poud — 15 —

3) les mêmes ouvrages garnis de matières communes :

a) pesant plus d'une livre la pièce — poud — 25 —

b) pesant une livre et moins par pièce; rubans tressés en paille, en copeaux et en tiges, même avec mélange de crin, de coton, de lin et de

DÉNOMINATION DES MARCHANDISES	Droits. R. C. (en or).

chanvre livre   1 —

4) nattes et sacs confectionnés avec les mêmes matières   exempts

Remarque. Les ouvrages en osier et ceux tressés avec garniture dorée, argentée ou bronzée acquittent 25 0/0 en sus des droits fixes ; ceux dont la garniture consiste en ornements métalliques argentés ou dorés, ainsi qu'en soie, en velours, en chenille à broder ou en autres matières de prix, sont reportés à l'art. 215.

65. Matériaux de construction :

1) argiles servant aux usines et aux bàtisses (hormis celles spécialement dénommées); boccite; talc en morceaux — non calciné   poud   — 2

2) craie en morceaux non purifiée et non calcinée   exempts

3) plâtre en morceaux (pierre à plâtre) non calciné ; chaux grasse (non hydraulique); craie et talc en morceaux calcinés   — 3

4) substances hydrauliques employées dans les constructions : ciments de toutes dénominations (de Portland, artificiel ou naturel, romain, mélangé, de scories et autres); tous les matériaux hydrauliques supplémentaires (y compris : la pouzzolane, le trass, la terre de Santorin, les scories en poudre cristallisée); chaux hydraulique; plâtre moulu non calciné ; plâtre calciné (albàtre); briques, dalles et tuyaux en ciment   — 10

66. Pierre non ouvrée et équarrie :

1) pierres à paver, brutes ou même grossièrement équarries; silex, quartz, feldspath et autres pierres, non spécialement dénommées, employées comme matériaux dans les fabriques et usines, — en morceaux, même calcinées, sable naturel de tout genre, terre d'infusoires   exempts

2) pierres employées comme matériaux dans les fabriques et usines — en poudre ou menus morceaux d'égale grosseur ; filtres de charbon   poud   — 10

3) pierres communes, hormis celles dénommées au § 1 du présent article, non ouvrées, ou seulement grossièrement équarries, sans aucune autre taille artificielle à la surface ou sur

DÉNOMINATION DES MARCHANDISES	Droits. R. C. (en or).

les côtes ; planches, pierres et meules à aiguiser et à polir en pierre à aiguiser naturelle, montées ou non montées   poud   — 3

4) dalles sciées ou fendues, sans autre façon, dalles équarries en quadrilatères ou en ronds, pierres avec surfaces sciées, non ouvrées ; pierres en blocs d'une épaisseur de plus de 5 verschoks :

a) en espèces non spécialement dénommées   poud   — 3

b) en marbre de toute espèce   poud   — 10

5) dalles sciées ou fendues, sans autre façon, dalles équarries en quadrilatères ou en ronds, pierres sciées à la surface, non ouvrées, pierres en blocs d'une épaisseur de 5 verschoks et au-dessous :

a) en espèces non spécialement dénommées   poud   — 6

b) en marbre de toute espèce   poud   — 30

Remarque aux §§ 4 et 5. Les dalles en serpentine ordinaire et en ardoise acquittent un droit de 0,10 cop. en or, indépendamment de leur épaisseur.

6) pierres lithographiques et pierres meulières (brutes ou en forme de meules)   poud   — 3

7) mica :

a) en morceaux   poud   — 5

b) en feuilles   poud   — 15

67. Pierres précieuses et demi-précieuses, naturelles et artificielles imitant les pierres véritables, non taillées ou taillées; perles fines ou perles fausses, en grains et en chapelets ; grenats; coraux véritables ou artificiels, non ouvrés, ainsi que perforés, sur fil, en chapelets ou sculptés   livre   3 —

Remarque. Les matières dénommées dans le présent article, montées en métaux précieux, acquittent les droits d'après les §§ correspondants de l'art. 148.

68. Jais ou ambre noir, nacre, écaille, ambre jaune (hormis celui spécialement dénommé), écume de mer, ivoire et ivoire fossile; celluloïde de toute couleur, en morceaux bruts, anneaux ou plaques; émail en masse ou pulvérisé; émail de tout

DÉNOMINATION DES MARCHANDISES	Droits. R. C. (en or)

genre ; mosaïque ; compositions artificielles pour mosaïque   poud — 3 —
69. Asbeste :
1) en morceaux et filaments poud — 12
2) en poudre   poud — 60
3) ouvré   poud 1 20
70. Pierres de toute espèce, —
hormis les pierres demi-précieuses
et les pierres précieuses, — ainsi que
l'albâtre et le plâtre ouvrés :
1) objets d'ornement sculptés, ci-
selés et polis, tels que : statues, bustes, cariatides, médaillons, ornements, devants de cheminées poud 1 50
2) ouvrages grossiers en pierre
taillée, même polis, mais sans sculpture ou ciselure, tels que : marches
d'escalier, bornes, colonnes, bains :
a) en marbre, albâtre, serpentine
et ardoise   poud — 60
b) en pierres de montagne d'autres
espèces, non spécialement dénommées   poud — 10
Remarque. Les ouvrages dont les
ornements en cuivre ou alliages de
cuivre constituent d'une manière évidente la valeur principale, s'ils ne
peuvent en être séparés, acquittent la
moitié des droits d'entrée fixés pour
les ouvrages en cuivre et alliages de
cuivre.
71. Substances à polir ; compositions pour enduire et coller :
1) émeri, pierre ponce, graphite
en morceaux ; tripoli en morceaux et
en poudre   poud — 8
2) émeri, pierre ponce, graphite,
moulus   poud — 30
3) peaux artificielles servant à
polir :
a) émeri, verre, silex sur papier
                             poud 1 20
b) les mêmes sur toile   poud 1 80
4) meules, pierres, planches, limes
à aiguiser et contenant de l'émeri ;
plaques de charbon, bougies de
charbon électriques   poud 4 —
5) onguents de toute sorte, pour
graisser les essieux, les roues, les
cuirs à rasoirs et autres semblables ;
toutes les substances à polir non spécialement dénommées ; compositions
pour nettoyer les métaux, pour coller la porcelaine, le verre et autres,

DÉNOMINATION DES MARCHANDISES	Droits. R. C. (en or).

préparées :
a) à la cire, à la graisse ou à
l'huile et à la colle   poud 2 —
b) sans mélange de cire, de graisse
ou d'huile et de colle   poud — 40
72. Briques :
1) briques ordinaires, sans vernis
                             poud — 1
2) briques réfractaires ; tuile pour
toiture (hormis celles recouvertes de
vernis), sans ornements sculptés ou
peints ; dalles en terre réfractaire,
briques de fer ; terre de chamotte
sous toute forme   poud — 4
73. Tuyaux en argile pour drai-
nage, conduits d'eau et autres poud — 6
74. Poterie de terre commune et
de terre réfractaire :
1) vaisselle et ouvrages de toute
espèce, hormis les tuyaux et les ouvrages spécialement dénommés, sans
ornements et sans peinture, même
émaillés ; briques et tuiles vernissées ;
carreaux céramiques unicolores en
terre cuite pour planchers et murs
                             poud — 30
2) vaisselle et ouvrages de toute
espèce, hormis les tuyaux et les ouvrages spécialement dénommés, avec
ornements, peinture, sculpture, dorure ; carreaux en terre cuite de diverses couleurs pour planchers et
murs   poud — 75
3) ornements, cariatides, médaillons, bustes, statues et autres objets
semblables pour orner l'intérieur et
l'extérieur des habitations, avec décoration   poud 1 50
75. Ouvrages en faïence :
1) blancs et unicolores coloriés en
pâte, sans ornements autres que moulures   poud 1 —
2) les mêmes avec dessins, bords,
bordures d'une seule couleur ; ouvrages en faïence non coloriés en
pâte   poud 1 40
3) les mêmes, avec peinture, dorure et dessins de diverses couleurs
                             poud 3 75
76. Ouvrages en porcelaine :
1) ouvrages en porcelaine (hormis
ceux spécialement dénommés) blancs
et unicolores, même avec bords et

DÉNOMINATION DES MARCHANDISES	Droits. R. C. (en or).

bordures coloriés ou dorés, mais sans autres ornements; majolique de toute espèce, même avec moulures poud — 5 30

2) vaisselle en porcelaine avec peinture ou dessins coloriés ou dorés, arabesques, fleurs et autres ornements du même genre; objets en porcelaine et en biscuit, pour ornement des chambres, blancs et unicolores, mais sans peinture, sans dorure et sans ornements de cuivre ou alliages de cuivre poud — 10 60

3) objets d'ornement pour l'intérieur, en porcelaine et en biscuit, tels que : vases, statuettes et autres objets avec peinture, dorure et ornements en cuivre et alliages de cuivre, fleurs artificielles en porcelaine (ainsi qu'en faïence) et autres imitations de plantes, ainsi que leurs composés, tels que : couronnes, bouquets, etc., mêmes avec parties faites d'autres matières poud — 21 —

77. Verrerie :

1) objets destinés à recevoir et à conserver les liquides et autres marchandises, tels que : bouteilles de toutes formes, flacons, pots :

a) en verre de bouteille (vert, olive, brun et autres couleurs naturelles des bouteilles) — non taillés, non polis, sans goulots dépolis ou sans bouchons et couvercles polis, sans ornements et dessins, autres que lettres, chiffres et inscriptions moulées poud — — 60

Remarque. Les bouteilles à vin importées dans les ports de la mer Noire et de la mer d'Azow, ou par les douanes de la Bessarabie sont exemptes des droits d'entrée.

b) en verre de bouteille, non taillés, non polis, sans ornements et dessins, autres que lettres, chiffres et inscriptions moulées, avec goulots dépolis ou avec bouchons et couvercles polis : en verre blanc, demiblanc, colorié en pâte, — non taillés, non polis, sans ornements et dessins, même avec goulots dépolis, bouchons et couvercles polis, lettres, chiffres et inscriptions moulées poud — 1 50

2) objets, hormis ceux spéciale-

DÉNOMINATION DES MARCHANDISES	Droits. R. C. (en or).

ment dénommés, en verre blanc et demi-blanc et en cristal, non polis, non taillés ailleurs que sur fonds, bords, goulots, bouchons et couvercles, et avec chiffres et dessins moulés ou pressés, mais sans autres ornements :

a) pressés ou moulés poud — 2 —
b) soufflés (unis) poud — 4 —

3) ouvrages en verre blanc non colorié et en cristal, polis, taillés, mais sans ornements poud — 6 —

4) ouvrages, hormis ceux spécialement dénommés, en verre : de couleur simple (colorié en pâte) ou double (ayant une couche de verre d'une autre couleur), mat (frotté de sable), blanc opaque, rayé, de bouteille, craquelé, verre imitant la glace (eisglas) :

a) non polis, non taillés, ailleurs que sur fonds, bords, bouchons et couvercles et avec chiffres et dessins moulés ou pressés, mais sans autres ornements poud — 6 —
b) polis et taillés poud — 10 —

5) ouvrages en verre de tout genre avec ornements, tels que : dessins gravés au burin ou à l'acide, peinture, émail, dorure, argenture, ornements en cuivre ou alliages de cuivre ; ouate de verre, tissus de verre et ouvrages qui en sont faits poud — 10 —

6) verre en feuilles non moulé, non poli :

a) blanc, demi-blanc ou vert, non colorié artificiellement, sans ornements, d'une surface mesurant jusqu'à 480 verschoks carrés, inclusivement poud — 1 50

b) Le même d'une surface mesurant plus de 480 verschoks : verre en feuilles de toutes dimensions : de couleur, colorié en pâte, mat, blanc opaque, non uni, rayé, ondé, bombé, sans ornements poud — 3 —

c) verre en feuilles avec dessins décoratifs poud — 10 —

Remarque 1re. Les plaques de verre pour la protographie, polies ou non polies, même recouvertes de compositions pour négatifs, acquittent les droits d'entrés d'après le § 6,

DÉNOMINATION DES MARCHANDISES	Droits. R. C. (en or).

b, du présent article.

Remarque 2. Le verre brisé (non broyé) est exempt de droits d'entrée.

78. Glaces et miroirs :

1) glaces travaillées : rendues mates, polies ; verre en feuilles non moulé, poli, ayant en superficie :

jusqu'à 50 verschoks carrés inclusivement (m. c. 0,0982) livre — 10

au-dessus de 50 verschoks, jusqu'à 100 versch. carrés exclusivement (m. c. 0,0988 — 0,1976) versch. carré — 1

au-dessus de 100 versch., jusqu'à 200 versch. carrés inclusivement (m. c. 0,1976 — 0,3958) versch. carré — 1 ¹/₄

au-dessus de 200 versch., jusqu'à 300 versch. carrés inclusivement (m. c. 0,3953 — 0,5929) versch. carré — 1 ¹/₂

au-dessus de 300 versch., jusqu'à 400 versch. carrés inclusivement (m. c. 0,5929 — 0,7906) versch. carré — 1 ³/₄

au-dessus de 400 versch., jusqu'à 500 versch. carrés inclusivement (m. c. 0,7906 — 0,9883) versch. carré — 2

au-dessus de 500 versch., jusqu'à 600 versch. carrés inclusivement (m. c. 0,9833 — 1,1859) versch. carré — 2 ¹/₄

au-dessus de 600 versch. jusqu'à 800 versch. carrés inclusivement (m. c. 1,1859 — 1,5812) versch. carré — 2 ¹/₂

Au-dessus de 800 versch. carrés ils acquittent, outre la taxe de 2 1/2 copecs en or par verschok carré, un droit additionnel de 1/4 de cop. en or par verschok carré sur chaque 200 versch. carrés jusqu'à 2,400 verschoks carrés inclusivement (m. c. 4,7436.

Au-dessus de 2,400 versch. carrés, ils acquittent un droit de 4 1/2 cop. en or par verschok carré.

2) les glaces non travaillées après la fusion, c'est-à-dire qui n'ont pas été rendues mates, non polies, acquittent les droits selon leur superficie d'après l'échelle fixée au § 1 pour les glaces à miroirs, avec déduction de 40 0/0.

3) les glaces dénommées au § 1 du présent article, étamées, acquittent les droits d'entrée selon les règles fixées au § 1, avec une majoration de 30 0/0 en sus des droits d'entrée.

Remarque. Les fragments de miroirs et de glaces à miroirs, brisés en route ayant plus de 25 versch. carrés (0.494 m. c. de superficie), acquittent les droits correspondants à la superficie du plus grand quadrilatère qui peut en être découpé. Les fragments de 25 versch. carrés de superficie, et moins, sont admis en franchise de droits d'entrée.

79. Houille, charbon de tourbe et de bois, coke et tourbe :

1) Houillle, charbon de tourbe et de bois ; tourbe :

a) importés par les ports de la mer Noire et de la mer d'Azow poud — 3

b) par la frontière de terre occidentale poud — 2

c) par les ports de la mer Baltique poud — 1

2) Coke :

a) importé par les ports de la mer Noire et de la mer d'Azow poud — 4 ¹/₂

b) par la frontière de terre occidentale poud — 3

c) par les ports de la mer Baltique poud — 1 ¹/²

Remarque. La houille, le coke et la tourbe importés par les ports de la mer Blanche sont exempts de droits d'entrée.

Remarque 2. Les droits d'entrée fixés dans le présent article pour la houille et le coke importés par les ports de la mer Baltique et par la frontière de terre occidentale ne seront point augmentés jusqu'au 1ᵉʳ janvier 1898.

Remarque 3. Les droits fixés au § 1, lettre *a,* et au § 2, lettre *a,* seront prélevés avec une majoration de 40 0/0 jusqu'au 1ᵉʳ juillet 1892.

80. Goudron et résine de toute espèce hormis ceux spécialement dénommés poud brut — 6

81. Anthracène, naphtaline, phénol (accide phénique), benzol, bruts (non purifiés) poud brut — 20

82. Harpius ou colophane, galipot, poix des brasseurs poud — 40

83. Asphalte et goudron :

1) minerai d'asphalte, non pulvérisé poud — 10

2) le même pulvérisé poud — 15

DÉNOMINATION DES MARCHANDISES	Droits. R.	C. (en o2).
3) goudron, mastics bitumineux, asphaltes fusibles de toute espèce poud	—	20
84. Naphte brut noir et non purifié de toute espèce poud	—	20
85. Produits liquides de la distillation du naphte (kérosine, photogène ; huiles solaire, de paraffine, huiles à graisser ; éther de naphte, gazoline, ligroïne, benzine et autres semblables) poud	1	—
86. Huile de térébenthine et essence de térébenthine de toute sorte poud	—	60
87. Gommes, résines, résineux et baumes :		
1) de toute espèce, hormis ceux spécialement dénommés; caoutchouc et gutta-percha à l'état brut ; ambre fondu non ouvré poud	—	40
2) encens commun, camphre, manne, assa fœtida, albumine de toute espèce poud	1	30
3) ambre gris : baumes de tolu et de Pérou : benjoin (ladon rosnii) ; résineux odorants employés dans la parfumerie poud	5	30
88. Gomme élastique ou caoutchouc et gutta-percha apprêtée et ouvrée :		
1) résine crue molle : en feuilles plaques, fils et en dissolution (colle de résine); résine de corne : en feuilles, en plaques et en petits bâtons non ouvrés ; ouvrages en gomme élastique ou caoutchouc et en gutta-percha, sans mélange avec d'autres matières livre	—	10
2) ouvrages en résine molle et résine de corne (hormis ceux spécialement dénommés) avec mélange d'autres matières ; toile cirée en résine livre	—	17
3) chaussures en caoutchouc et en gutta-percha, avec ou sans tissus, peau, boucles, etc. livre	—	28
4) tissus collés avec de la résine pour les rubans de cardes ;		
a. avec feutre livre	—	10
b. sans feutre livre	—	20

Remarque 1. Les tissus élastiques, les rubans et les chevillières qui contiennent des fils élastiques,— ainsi que les tissus non élastiques,

DÉNOMINATION DES MARCHANDISES	Droits. R.	C. (en or).
c'est-à-dire imprégnés de résine ou collés avec de la résine, hormis ceux dénommés au § 4 du présent article, acquittent les droits d'après la matière du tissu.		

Remarque 2. Les vêtements cousus ou collés, confectionnés en tissus enduits de résine d'un côté ou des deux côtés, imprégnés de résine, ou en tissus composés de deux couches collées, ainsi que les bretelles confectionnées, les jarretières et autres ouvrages semblables faits de rubans élastiques, acquittent les droits d'après l'article 209.

89. Sels de Stassfurth (abraumsalz) à l'état naturel	exempts	
90. Sels naturels de toute espèce non spécialement dénommés, non purifiés ; saumures (de Kreutznach et autres), y compris la saumure de harengs ; boues minérales. — importés en fûts, caisses, boîtes en ferblanc et autres récipients de grandes dimensions poud	—	10
91. Soufre :		
1) brut, non épuré, en morceaux :		
a. importés par les ports de la mer Baltique, par ceux du gouvernement d'Arkhangel et par la frontière de terre occidentale poud	—	2
b. importé par les ports de la mer Noire et de la mer d'Azow poud	—	5
2) épuré : fleur de soufre poud	—	20
92 Antimoine :		
1) cru poud	—	20
2) métallique poud	—	30
93. Borax ; compositions de borax :		
1) borax brut, non purifié (borate de soude, tinckal), boronatrocalcite, acide borique brut (non purifié) poud	—	8
2) borax raffiné poud	1	20
94. Magnésite :		
1) natif en morceaux poud	—	4
2) magnésite moulu poud	—	10
95. Tartre (crème de tartre) brut (non raffiné), tartrate de chaux brut (non raffiné) poud	—	60
96. Spath pesant, vitérite :		
1) spath pesant et vitérite natifs, en morceaux poud	—	4
2) les mêmes broyés poud	—	60

DÉNOMINATION DES MARCHANDISES	Droits. R. (en or).	C.
3) baryte : sulfate de baryte (blanc fixe) et carbonate de baryte artificiels poud	1	—
97. Strontianite (carbonate de strontiane) et célestine (sulfate de strontiane), natifs en morceaux ou pulvérisés poud	—	4
98. Composition d'ammoniaque :		
1) sel ammoniac (chlorure d'ammonium); carbonate d'ammoniaque et nitrate d'ammoniaque; ammoniaque liquide (esprit d'ammoniaque) poud	1	35
2) sulfate d'ammoniaque »	—	55
99. Arsenic métallique, arsenic blanc (acide arsénieux), orpiment et réalgar poud	—	55
100. Prussiate et sels de chromate :		
1(prussiate jaune de potasse et sels de chromate de potasse solubles dans l'eau (bichromate de potasse, chromate de potasse neutre, chromate de soude neutre) poud	2	65
2) prussiate de potasse rouge (ferrocyanure de potassium ou sel de Gmelin) . poud	4	—
101. Alun d'alumine et sulfate d'alumine :		
1) alun d'alumine cristalisé poud	—	30
2) calciné et tout autre en poudre; sulfate d'alumine poud	—	35
102. Oxydes (hydratés et anhydres) de baryum (baryte caustique), de strontium (strontiane caustique) et d'aluminium (hydrate d'alumine) poud	1	20
103. Salpêtre :		
1) du Chili (nitrate de soude) poud	—	6
2) salpêtre brut (nitrate de potasse) poud	—	65
104. Chlorure de magnésium, sulfate de magnésie (sel amer), chlorure de potassium, sulfate de potasse; chlorure de calcium à l'état brut poud	—	15
105. Soude et potasse :		
1) soude (carbonate de soude) et potasse (carbonate de potasse) poud	—	55
2) bicarbonate de soude, bicarbonate de potasse poud	—	90
3) soude et potasse caustiques :		
a. non purifiées poud	—	90

DÉNOMINATION DES MARCHANDISES	Droits. C.	R. (en or).
b. purifiées »	4	—
4) sulfate de soude hydraté (sel de Glauber) poud	—	20
5) sulfate acide de soude (bisulfate de soude), sulfite de soude neutre et acide (bisulfite de soude); hyposulfite de soude; sulfure de sodium; silicates de soude et de potasse (verre soluble) poud	—	55
106. Poudre de vinaigre (acétate de chaux non épuré poud	—	75
107. Chlorure de chaux, eau de Javelle et eau de Tenant poud	—	70
108. Acides et sulfure de carbone :		
1) acide sulfurique :		
a) de commerce et huile de vitriol poud	—	22
b) acide sulfurique fumant, anhydride sulfurique (acide sulfurique anhydre) poud	1	—
2) sulfure de carbone α	1	—
3) acide nitrique et chlorhydrique poud	—	44
4) acide acétique α	4	—
5) acide tartrique «	5	—
6) acide benzoïque, tannique (tannin), citrique, gallique, pyrogallique, salicylique, phosphorique, chromique. poud	6	—
109. Couperoses :		
1) couperose de fer ou verte »	—	22
2) couperose de cuivre, hormis la couperose anhydre, couperose de Salzbourg (sulfate double de fer et de cuivre), couperose de zinc ou blanche; chlorure de zinc poud	1	—
110. Pierre infernale (nitrate d'argent) et autres sels d'argent; sels d'or (y compris la pourpre de Cassius ou pourpre d'or), de platine et des métaux de platine poud	8	—
111. Anthrachinone, tartre stibié (émétique) poud	4	—
112. Produits chimiques et pharmaceutiques non spécialement dénommés poud brut	2	40

Remarque. L'acide carbonique à l'état liquide et les autres esprits réduits à l'état de liquides, en bouteilles métalliques, acquittent les droits d'après l'art. 112; 80 0/0 du poids total sont taxés d'après la matière dont sont faites les bouteilles.

113. Médicaments composés (pré-

DÉNOMINATION DES MARCHANDISES	Droits. R. C. (en or).	

parés) dont l'importation est autorisée d'après des listes spéciales
poud brut — **20** —

Remarque. Ces listes sont dressées par le conseil médical près le ministère de l'intérieur d'accord avec le ministère des finances.

114. Phosphore (ordinaire et rouge) poud brut — **11** —

115. Ether (sulfurique), collodion ; éthers pour la fabrication des bonbons (essences de fruits) et ceux usités en médecine, même avec addition d'alcool ; iodoforme, chloral, chloroforme poud — **10** —

116. Opium et lactucarium « **15** —

117. Huiles végétales et glycérine non purifiée :
1) huiles grasses (huile d'olives, de laurier, de coton et autres semblables), hormis celles spécialement dénommées ; huile cuite siccative (olifa) poud — **2 20**
2) huile de ricin et d'alizarine poud — **1** —
3) huile de coco et de palme poud — **1** —
4) huiles volatiles et odorantes sans mélange d'alcool poud — **16** —
5) glycérine non purifiée poud — **1** —

118. Eaux aromatiques sans addition d'alcool, telles que : eau de laurier cerise, de menthe, de fleurs d'oranger, de rose et autres semblables poud — **5 30**

119. Cosmétiques :
1) eaux de senteur alcooliques (eau de cologne et autres), vinaigre de toilette, fard blanc et rouge, compositions pour la teinture des cheveux, pastilles odorantes à brûler. cosmétiques de toute espèce non spécialement dénommés, conjointement avec le poids des flacons, vases, boîtes ou autres enveloppes
poud — **16** —
2) parfums, sauf les eaux de senteur dénommées au § 1 du présent article, ainsi que la pommade poud brut — **35** —

120. Savon :
1) de toilette, liquide, en pain ou en poudre poud brut — **7 20**

DÉNOMINATION DES MARCHANDISES	Droits. R. C. (en or).	

2) de toute sorte, hormis le savon de toilette poud — **1 80**

121. Vernis à l'alcool et à l'essence de térébenthine ; dissolution de résine et d'huile (vernis à l'huile) poud — — —

122. Cire à cacheter et poix de cire à cacheter poud — **2 65**

123. Allumettes chimiques de toute espèce poud — **2 20**

124. Matières à tanner :
1) écorce à tan et matières à tanner naturelles de toute espèce, non réduites en poudre poud brut — — **5**
2) les mêmes, réduites en poudre, — hormis le sumac, sujet aux droits, sous toute forme, d'après le présent article, § 1 poud — — **15**
3) extraits à tanner sous toute forme : celui de châtaignier, de hemlock, de québraco, de chêne, de pin de sapin poud — — **30**

125. Matières tinctoriales naturelles :
1) végétales, hormis celles spécialement dénommées :
a. non réduites en poudre : quercitron sous toute forme ; bois de teinture en bûches et en billes poud — — **6**
b. réduites en poudre ; bois de teinture moulus et râpés poud — — **30**
2) minérales :
a. terres tinctoriales naturelles de toute espèces ; terres : de Cassel, de Sienne, de Vérone ; bolus, terres d'ombre, ocre, sanguine, momie, — à l'état brut, non ouvrés poud brut — — **10**
b. les mêmes substances tinctoriales, lavées, calcinées ou pulvérisées, teinture rouge consistant principalement en oxyde de fer (caput mortuum) poud brut — — **35**
c. craie fondue ou lavée, craie et talc moulus poud brut — — **15**

126. Orseille (koudbir), orléans (rocou), cachou (catéchou) ; schüttgelb poud — — **30**

127. Garance moulue (krapp) poud — — **55**

128. Indigo naturel et artificiel sous toute forme (hormis l'extrait d'indigo et l'indigotine) poud — **3 30**

129. Cochenille sous toute forme

DÉNOMINATION DES MARCHANDISES	Droits. R. C. (en or).

(hormis le carmin de cochenille, qui acquitte les droits d'après l'art. 135; graines de kermès   poud   3   —

130. Bleu de Prusse et bleu de Paris; outremer (naturel, artificiel et vert); bleu de blanchisseuse de toute sorte   poud   4   —

131. Blanc de plomb (céruse) et blanc de zinc   poud   —   60

132. Minium de plomb   poud   —   40

133. Couleurs à base de cuivre (y compris le vert de gris) et d'arsenic   poud   4   —

134. Produits tinctoriaux et tannins :

1) extraits de toute sorte propres à la teinture et au tannage, hormis ceux spécialement dénommés ; produits de la garance (hormis ceux mentionnés à l'art. 135)   poud   2   50

2) extraits : de carthame (carthamine) et d'orseille sous toute forme ; d'indigo (carmin d'indigo) — en pâte et liquide; hématéine sèche   poud   5   —

135. Substances tinctoriales (pigments), préparées avec les produits de la distillation du goudron de houille ; alizarine ; extrait de garance, laque de garance ou d'alizarine ; carmin de cochenille ; laque carminée ; indigotine (extrait d'indigo à l'état sec)   poud   17 —

136. Couleurs de toute sorte pour miniature en tablettes, en poudre, sur coquilles ou en vessies; encre de Chine   poud   5   —

Remarque. Les couleurs pour miniature, importées dans des boîtes spéciales qui deviennent la propriété de l'acheteur en même temps que les couleurs, acquittent les droits d'après l'art. 246, conjointement avec le poids des boîtes.

137. Couleurs de chrome, d'antimoine (y compris le sulfure doré d'antimoine) et de cobalt (y compris le smalt) ; cinabre ; encre liquide et sèche en poudre ; cirage pour chaussures ; lakmus (tournesol) ; couleurs et substances tinctoriales de toute espèce, non spécialement dénommées, moulues, sèches et en pâte, préparées à l'eau ou à l'huile poud   3   —

138. Minerais métalliques et mine-

DÉNOMINATION DES MARCHANDISES	Droits. R. É. (en or).

raux de toute espèce, hormis le graphite   poud   —   7

Remarque 1. Le piryte de fer est admis à l'importation avec un droit d'entrée de 1 cop. en or par poud. Le piryte de fer contenant plus de 2 0/0 de cuivre acquitte, outre les droits d'entrée de 1 cop. en or par poud, un droit de 2 1/2 cop. en or pour chaque pour cent de cuivre contenu dans un poud de son poids.

Remarque 2. Les minerais de cuivre ainsi que les scories cuivreuses de toute espèce acquittent un droit d'entrée de 2 1/2 cop. en or pour chaque 0/0 de cuivre contenu dans un poud de leur poids.

139. Fonte en saumons, en débris et limaille :

1) de toute espèce, hormis celle spécialement dénommée :

a. importée par mer   poud   —   30

b. importée par la frontière de terre occidentale   poud   —   35

2) fonte de manganèse (ferro-manganèse) de silicium, de chrome poud   —   50

Remarque. Les droits fixés par le présent article ne seront point diminués jusqu'au 1er janvier 1898.

140. Fer :

1) en barres, fer façonné de toute sorte, hormis celui dénommé ci-dessous, fer en gueuses, blocs puddlés, en débris et milbars; fer en poudre   poud   —   60

2) rails en fer, même [perforés et avec rainures   poud   —   60

3) fer en feuilles, de toute sorte, jusqu'au n° 25, inclusivement, d'après le calibre de Birmingham ; en plaques d'une largeur de plus de 18 pouces ; fer façonné de toute espèce d'une largeur ou d'une hauteur de plus de 18 pouces, ainsi que d'une épaisseur ou d'un diamètre de 7 pouces et au-dessus ; fer façonné (fer à T et à double T, à barrots, à Z, fers profilés, hormis le fer à angle sujet au § 1 du présent article) ; fers feuillards d'une largeur ou d'un diamètre de plus de 1/4 à 1/2 pouce inclusivement   poud   —   85

4) en feuilles, au-dessus du n° 25 d'après le calibre de Birmingham

DÉNOMINATION DES MARCHANDISES	Droits. R. C. (en or).	

poud 1 —

Remarque. Le fer d'une largeur ou d'un diamètre de 1/4 de pouce et au-dessous, acquitte les droits d'après l'art. 155, § 1.

141. **Fer blanc** (fer en feuilles étamé), même verni, avec ornements imprimés, et irisé (moire métallique); tôle de fer peinte, vernie, zinguée, cuivrée nickelée ou recouverte d'autres métaux communs   poud   1   70

142. **Acier** :

1) en barres et façonné de toute espèce, hormis celui ci-dessous dénommé ; acier en gueuses, ferraille d'acier   poud   —   60

2) rails en acier, même perforés et avec rainures   poud   —   60

3) en feuilles de toute espèce, jusqu'au n° 25 inclusivement d'après le calibre de Birmingham, en plaques, d'une largeur de plus de 18 pouces ; acier façonner de toute espèce, d'une largeur et d'une hauteur de plus de 18 pouces, ainsi que d'une épaisseur ou d'un diamètre de 7 pouces, et au-dessus ; acier façonné (à T, à double T, à barrots, à Z, acier profilé, hormis l'acier à angles, sujet au § 1 du présent article) ; aciers feuillards d'une largeur ou d'un diamètre de plus de 1/4 à 1/2 pouce inclusivement   poud   —   85

4) en feuilles, au-dessus du n° 25 d'après le calibre de Birmingham   poud   1   —

Remarque. L'acier, d'une largeur ou d'un diamètre de 14 de pouce et au-dessous, acquitte les droits d'après l'art. 155, § 1.

143. **Cuivre**, aluminium, nickel, cobalt, bismuth, cadmium et autres métaux non spécialement dénommés; cuivre vert, tombac, argentine (neusilber, nouvel argent), métal anglais et tous autres alliages en métaux non précieux, hormis ceux spécialement dénommés :

1) en saumons, lingots, copeaux, limaille et débris, ainsi que le cuivre en poudre et en produits intermédiaires   poud   2   50

2) en barres, baguettes et feuilles,

DÉNOMINATION DES MARCHANDISES	Droits. R. C. (en or).	

même planées et polies   poud   3   10

Remarque. Le cuivre et ses alliages, ainsi que les autres métaux dénommés dans le présent article, et leurs alliages, — laminés ou tréfilés d'une largeur ou d'un diamètre de 1/2 pouce, et au-dessous, acquittent les droits d'après l'art. 155, § 2.

144. **Etain** :

1) en lingots, baguettes et débris   poud   —   45

2) en feuilles, même planées et polies ; tain pour miroirs ; feuilles de plomb recouvertes d'étain   poud   1   —

Remarque. Les feuilles d'étain et les feuilles de plomb recouvertes d'étain, peintes ou recouvertes de vernis de couleur, acquittent le droits d'après le § 2 du présent article avec une majoration de 50 0/0.

145. **Mercure**   poud   2   40

146. **Plomb** :

1) en saumons et débris ; litharge, silberglätte, scories ou cendres de plomb   poud   —   10

2) en rouleaux, feuilles, fils et tuyaux   poud   —   30

3) hartblei ou métal de typographie (alliage de plomb et d'antimoime) en masse   poud   —   20

147. **Zinc** :

1) en saumons et débris   poud   —   50

2) en feuilles même planées et polies   poud   1   —

Remarque. Les feuilles recouvertes de nickel ou d'autres métaux communs acquittent 30 0/0 en sus des droits fixés au § 2 du présent article.

148. **Ouvrages d'or, d'argent et de platine** :

1) or ouvré de tout genre, bijouterie et joaillerie d'or sans pierres, de même qu'avec toute espèce de pierres, perles, etc., véritables ou artificielles   livre   44   —

2) argent en ouvrages de tout genre, même doré ; bijouterie et joaillerie en argent, avec ou sans dorure, et avec toute espèce de pierres, perles, etc., véritables ou artificielles   livre   4   —

Remarque. L'or et l'argent en lin-

DÉNOMINATION DES MARCHANDISES	Droits. R. C. (en or).	

gots ou laminés en feuilles et en bandes sont exempts de droits d'entrée.

3) platine ouvré de tout genre ; platine en filis d'archal, feuilles et bandes **livre** 20 —

4) passementerie et broderie d'or et d'argent fins ou faux ; or et argent tir s ou filés ; rubans tressés ou tissés d'or ou d'argent fins ou faux **livie** 7 20

5) feuilles d'or et d'argent en livrets, y compris le poids de ces livrets **livre** 3 —

6) clinquant tiré ou filé, en lames, paillettes et autres ornements semblables **livre** 2 —

149. Ouvrages en cuivre, alliages de cuivre et autres métaux non précieux et leurs alliages dénommés à l'art 143 :

1) ouvrages sans ornements en relief ou gravés ; ouvrages pressés, même avec parties en bois, en fer, en fer blanc,en cuir et autres matières communes **poud** 4 80

2) Ouvrages avec ornements en relief ou gravés (hormis les ornements pressés), garnis ou non garnis, recouverts ou non recouverts de patine, montés ou non montés **poud** 16 —

3) ouvrages dénommés aux §§ 1 et 2 du présent article, dorés et argentés ; ouvrages dorés ou argentés de toute espèce en métaux non précieux :

a) pesant une livre et plus par pièce **livre** — 65

b) pesant moins d'une livre par pièce **livre** 1 30

150. Fonte de fer ouvrée :

1) pièces en fonte sans retouche **poud** — 75

2) vaisselle en fonte émaillée **poud** 1 —

3) ouvrages en fonte retouchés, limés, polis, taillés, peints, bronzés, étamés, recouverts de vernis, d'émail (hormis la vaisselle),de zinc ou d'autres métaux communs, même avec parties de bois, de cuivre ou d'alliages de cuivre **poud** 1 70

Remarque. Le § 3 du présent article s'applique à tous les ouvrages en fonte forgée non retouchés aussi

bien qu'à ceux retouchés,s'ils pèsent plus de 5 livres la pièce ; les ouvrages en fonte forgée, retouchés, pesant 5 livres et moins par pièce, acquittent les droits d'après le § 2 de l'art. 153.

151. Ouvrages en fer et en acier, forgés, pressés, fondus — non limés ou limés sur les bords et les côtés, mais sans autre retouche, hormis ceux spécialement dénommés ; clous forgés 1 70

152. Ouvrages de chaudronnerie, en fer et en acier, tels que : chaudières, réservoirs, bassins, caisses, ponts, tuyaux, ainsi que les ouvrages de tout genre en tôle de fer et tôle d'acier, hormis ceux dénommés aux articles 141 et 154 **poud** 1 70

153. Ouvrages en fer et en acier, hormis ceux spécialement dénommés, façonnés, tournés,polis, taillés, bronzés ou ayant subi quelque autre façon, avec ou sans parties en bois, cuivre ou alliages de cuivre, pesant par pièce :

1) plus de 5 livres **poud** 1 70

2) 5 livres et moins **poud** 2 70

3 cadenas et serrures, hormis ceux en cuivre, ainsi que vis à bois **poud** 4

154. Ouvrages en fer-blanc :

1) de tout genre ; ouvrages en tôle de fer : recouverts de vernis, d'émail, de zinc et d'autres métaux communs, ainsi que les ouvrages peints, hormis ceux auxquels s'applique le § 2 du présent article **poud** 3 —

2) les mêmes ouvrages avec dorure, peinture ou autres ornements **poud** 6 —

155. Fil d'archal :

1) en fer ou en acier :

a) d'une épaisseur ou d'un diamètre à partir de 1/4 de pouce jusqu'au n° 25 inclusivement d'après le calibre de Birmingham **poud** 1

b) au-dessus du n° 25 jusqu'au n° 29 inclusivement **poud** 1 50

c) plus fin que le n° 29 **poud** 2 —

2) en cuivre, en alliages de cuivre et en toute espèce d'alliages de métaux non précieux :

a) d'une épaisseur ou d'un dia-

DÉNOMINATION DES MARCHANDISES	Droits. R. C. (en or).
mètre à partir de 1/2 pouce jusqu'au n° 25 inclusivement d'après le calibre de Birmingham ; câbles télégraphiques de toute espèce poud	4 —
b) au-dessus du n° 25 jusqu'au n° 29 inclusivement poud	5 —
c) plus fin que le n° 29 poud	6 –

Remarque. Tout fil d'archal étamé, recouvert de zinc ou d'autres métaux communs, acquitte les droits d'entrée d'après les §§ correspondants du présent article avec une majoration de 50 0/0.

156. Ouvrages en fil d'archal : 1) en fil de fer et d'acier :	
a) de toute espèce, hormis ceux spécialement dénommés poud	3 20
b) rubans de cardes et cardes de tout genre poud	4 40
2) en cuivre et en alliages de cuivre :	
a) de toute espèce, hormis ceux spécialement dénommés poud	6 —
b) tissus en fil d'archal, contenant, sur une longueur d'un pouce, 24 fils et plus ; fil d'archal recouvert de matières textiles ou de gutta-percha poud	9 —

Remarque. Le fil d'archal recouvert de soie, même mélangée à d'autres matières textiles, acquitte 20 0/0 en sus des droits fixés par le § 2, b., du présent article.

3) clous en fil d'archal, clous de cordonnier, clous de tapissier dits semences, clous à ferrer, clous en fonte forgée, rivets, goupilles et chevilles pour pianos poud	2 70
157. Aiguilles d'acier et de fer :	
1) à coudre et autres de toute espèce, hormis celles ci-dessous dénommées livre	— 65
2) à tricoter, d'emballage, à lacer, de sellier, de bourrelier et à coudre les voiles livre	— 36
158. Coutellerie :	
1) de tout espèce, montée en matières communes ; ciseaux (hormis les ciseaux à tondre les moutons), pincettes, lames de couteaux et fourchettes sans manches, achevés ou non achevés poud	16 —
2) les mêmes ouvrages, avec monture dorée, argentée, en argent pla-	

DÉNOMINATION DES MARCHANDISES	Droits. R. C. (en or).
qué et autres compositions métalliques, en écaille, nacre, ivoire naturel et ivoire fossile, ainsi qu'en matières communes avec ornements faits des matières ci-dessus désignées, y compris l'or et l'argent poud	32 —
3) couteaux de poche à l'usage des paysans (kosiki), montés en métal et autres matières communes poud	6 60

Remarque. La coutellerie montée en métaux précieux acquitte les droits d'entrée d'après les §§ correspondants de l'art. 148.

159. Armes blanches, lames de sabres et autres de toute espèce ; armes à feu portatives, hormis celles dont l'importation est interdite ; accessoires de toute espèce pour les armes à feu ; enveloppes de cartouches, cartouches et capsules, pleines ou vides poud	24 —

Remarque. Les armes à feu importées en boîtes et étuis avec leurs accessoires, acquittent les droits conjointement avec le poids de ces étuis et accessoires.

160. Faux et faucilles, hachepaille et serpes, ciseaux à tondre les moutons, bêches, pelles, rateaux, houes et fourches poud	1 40
161. Outils pour arts, métiers, fabriques et usines poud	1 40
162. Caractères d'imprimerie, matrices à couler lesdits caractères, timbres pour les matrices, clichés en métal ou en bois et en général tous les accessoires servant à la composition typographique poud	— 40
163. Ouvrages en étain, en zinc et leurs alliages, hormis les ouvrages qui se rapportent à l'art. 215 :	
1) non polis et non peints poud	1 30
2) polis, recouverts de vernis, peints et passés à la poudre de bronze poud	3 30
3) les mêmes ouvrages, recouverts de cuivre, d'alliages de cuivre, de nickel poud	4 80
164. Ouvrages en plomb et en hartblei (alliage de plomb et d'antimoine), hormis ceux spécialement	

DÉNOMINATION DES MARCHANDISES	Droits. R. C. (en or.)	

dénommés (art. 146 et 162), plomb de chasse — poud — 1 —

165. Oripeau blanc et jaune en livrets, y compris le poids des livrets ; paillons de toute sorte, hormis ceux dorés ou argentés (article 149, § 3) — livre — — 20

166. Poudre à bronzer — poud — 2 —

167. Machines, appareils et leurs modèles, — complets ou non complets, montés ou non montés :

1) de toute espèce, en cuivre et alliages de cuivre, ainsi que les machines et appareils dans lesquels le cuivre forme le poids prédominant ; machines dynamo-électriques de toute espèce — poud — 4 80

2) gazomètres, compteurs à eau, moteurs à gaz, à air chaud, à pétrole ; machines magnéto ; machines à coudre et à tricoter ; locomobiles (hormis celles dénommées au § 5), tenders, pompes à incendie (hormis celles dénommées au § 3) ; machines de toute espèce non spécialement dénommées en fonte, fer, acier, — avec ou sans parties en autres métaux — poud — 1 70

3) locomotives de chemins de fer ou routières, wagons-locomotives, wagonettes à vapeur, pompes à incendie à vapeur — poud — 2 —

4) machines et appareils agricoles non pourvus de moteurs à vapeur et non spécialement dénommés, ainsi que leurs modèles. — poud — — 70

5) locomobiles avec batteuses à système compliqué — poud — 1 40

Remarque. Les parties de machines et d'appareils importées séparément des machines et des appareils, acquittent : *a)* celles en cuivre ou alliages de cuivre — un droit d'entrée de 4 r. 80 cop. en or par poud ; *b)* celle en fonte, fer et acier — un droit d'entrée de 1 r. 70 cop. en or par poud.

168. Balances avec leurs accessoires ; parties de balances, hormis celles en cuivre et en alliages de cuivre :

1) pour les 3 premiers pouds de chaque pièce ; poids pour balances — 4 —

2) pour chaque poud en sus — poud — 1 70

DÉNOMINATION DES MARCHANDISES	Droits. R. C. (en or).	

Remarque. Les balances de pharmacie et de laboratoire acquittent les droits d'après l'art. 169.

169. Instruments et appareils de mathématiques, de dessin linéaire, de physique, de chimie et de chirurgie (y compris les bandages) ; appareils et accessoires télégraphiques, téléphoniques, photographiques, appareils pour l'éclairage électrique ; manomètres, indicateurs, anémomètres, hydromètres, compteurs ; sphères géographiques, verres à lunettes, à lorgnettes, verres ardents, loupes, verres d'optique de toute espèce et prismes sans monture — poud — 8 —

Remarque 1. Les ustensiles pour les travaux de laboratoire, ceux employés en médecine et dans les pharmacies, en argile, en grès, verre, porcelaine, etc., acquittent les droits d'entrée d'après les articles correspondants du tarif, selon la matière dont ils sont faits.

Remarque 2. Acquittent de même les droits d'entrée d'après les articles correspondants du tarif les parties de rechange des éléments électriques, des batteries et autres appareils, importées séparément, qui s'anéantissent par l'usage et qu'il faut remplacer, telles que : plaques de zinc, de cuivre et autres pour éléments, charbons de cornues pour piles, pour lampes et lanternes.

170. Lunettes, lorgnons, lunettes d'approche, lorgnettes de théâtre, montés en matières communes ; ces mêmes objets importés sans verres — poud — 16 —

Remarque. Les lunettes, lorgnons et lorgnettes de théâtre, montés en or, en argent ou en platine, acquittent les droits d'après l'art. 148 ; les mêmes objets montés en nacre, écaille, ivoire et autres matières de prix ou avec ornements en émail, avec dorure ou argenture, — d'après l'article 215, § 1.

Remarque générale aux art. 169 et 170. Les instruments dénommés dans ces deux articles acquittent les droits conjointement avec le poids

DÉNOMINATION DES MARCHANDISES	Droits. R. C. (en or).	

des étuis, boîtes, carnets, etc , qui leur sont propres.

171. Horlogerie :

1) mouvements :

a. de montres (de poche), importés sans cages ou boîtes, ou séparément des cages ou boîtes — **pièce 1 —**

b. d'horloges, de pendules de voyage, de cheminée, de table, importés sans cages ou boîtes, ou séparément des cages ou boîtes, la pièce 1 rouble et en outre — **livre — 75**

Remarque 1. Les horloges, pendules de cheminée, de voyage et de table dont les mouvements ne peuvent être séparés sans instruments de leurs cages ou boîtes, acquittent les droits selon la matière de la cage et en outre elles sont sujettes à un droit d'entrée de 2 r. 50 cop. en or par pièce pour le mouvement.

Remarque 2. Les cages ou boîtes importées sans mouvements, ou séparément du mouvement, acquittent les droits d'entrée d'après la matière dont elles sont confectionnées.

2) montres de poche, à boîtes d'or, avec parties dorées ou ornements en or — **pièce 2 50**

3) montres de poche, avec cages ou boîtes, de toute espèce, hormis celles dénommées au § 2 — **pièce 1 —**

4) pendules en bois avec mouvements en cuivre ou en bois — **pièce — 40**

5) horloges de château — **pièce 25 —**

6) fournitures d'horlogerie de toute sorte démontées — **livres — 75**

172. Instruments de musique :

1) pianos (pianos à queue); orgues non portatives de toute espèce — **pièce 132 —**

2) pianinos — **pièce 80 —**

3) orgues portatives, harmonicas. positifs, harpes — **pièce 15 —**

4) instruments de musique de tout genre non spécialement dénommés; accessoires d'instruments de musique, importés séparément, tels que : archets, cordes en boyau ou en soie (les cordes métalliques sont sujettes aux droits de l'article 155), claviers, martelets (les chevilles pour pianos sont sujettes aux droits de l'art. 156, § 3), métronomes, diapasons, crans,

DÉNOMINATION DES MARCHANDISES	Droits. R. C. (en or).	

etc. — **livre — 20**

Remarque. Les instruments de musique acquittent les droits conjointement avec le poids des boîtes et des étuis qui leurs sont propres.

173. Equipages :

1) carrosserie :

a. de grande dimension, tels que : carrosses, calèches à quatre places, landaus, diligences, omnibus — **pièce 132 —**

b. légers, tels que : calèches à 2 places, phaétons, droschki, chars-à-bancs, cabriolets, cabs — **pièce 90 —**

2) fourgons et brancards — **pièce 40 —**

3) charrettes de campagne ordinaires, et autres semblables, pour le transport de fardeaux et de personnes ; voitures d'enfants, fauteuils sur roues pour malades : vélocipèdes — **pièce 12 —**

4) parties détachées d'équipages, telles que : caisses, roues, lanternes et autres, hormis les ressorts, les essieux et autres accessoires spécialement dénommés au tarif — **poud 8 —**

Remarque. Les équipages avec garniture intérieure complètement achevée acquittent 20 0/0 en sus des droits fixés au présent article.

174. Wagons pour chemins de fer :

1) plate-formes et wagons à charbon — **l'essieu 160 —**

2) wagons à marchandises et wagons-citernes — **l'essieu 240 —**

Wagons pour voyageurs :

3) de 3me classe, ainsi que wagons à bagages et wagons-poste — **l'essieu 300 —**

4) de 3me et de 2mo classe — **» 330 —**

5) de 2me classe — **» 355 —**

6) de 1re et de 2me classe — **» 410 —**

7) de 1re classe — **» 465 —**

Voitures de tramvays :

8) à deux chevaux — **pièce 340 —**

9) à un cheval — **» 250 —**

175. Embarcations de mer et de rivière, complètement montées, avec ou sans tous leurs agrès :

1) en fer, sur le tonnage brut :

a. sur les 100 premières tonnes — **tonne 38 —**

b. sur les suivantes, de 100 à 1.500 tonnes — **tonne 20 —**

c. sur les suivantes au-dessus de 1.500 tonnes — **tonne 10 —**

DÉNOMINATION DES MARCHANDISES	Droits. R. C. (en or).
2' en bois, sur le tonnage brut :	
a. sur les 100 premières tonnes tonne	12 —
b. sur les suivantes au-dessus de 100 tonnes tonne	6 —

Remarque 1. Les embarcations en fer, avec ou sans moteurs à vapeur, importées en pièces démontées, acquittent les droits d'après les articles correspondants du tarif.

Remarque 2. De même sont soumis aux droits d'entrée d'après les articles correspondants du tarif les objets faisant partie de l'inventaire du navire, hormis ceux qui sont indispensables pour la régularité et la sûreté de la navigation ou qui sont fixés au corps du navire. La dénomination de ces objets, soumis aux droits d'entrée avec le navire, sera faite par le ministre des finances, d'accord avec le gérant du ministère de la marine, et, pour les embarcations fluviales, d'accord avec le ministre des voies de communication.

176. Chiffons et pâte à papier :

1) chiffons

a. de toute sorte (hormis les chiffons de laine)	exempts
b. de laine, ainsi que rognures de tissus de laine ne constituant pas des échantillons (art. 218), n'ayant pas plus d'une archine de longueur et d'un verschok de largeur poud	2 —

Remarque. Si des rognures ou des lisières de drap de dimensions supérieures à celles indiquées à la lettre *b.* viennent à être découvertes, lors de la visite douanière, dans l'un des colis, tout le transport des chiffons de laine et des rognures acquitte les droits d'après l'art. 202.

2) Pâte à papier :

a. pâte à papier de toute espèce (hormis la cellulose) et rognures de papier poud	— 20

Remarque. La pâte à papier, importée sous forme de carton et en feuilles sèches, n'acquitte les droits d'après l'art. 176 que dans le cas où elle est hachée en menus morceaux ou perforée de trous rapprochés.

b. cellulose (pâte à papier chimiquement préparée), sous toute forme

DÉNOMINATION DES MARCHANDISES	Droits. R. C. (en or).
poud	— 35

177. Papeterie :

1) pulpe de bois pressée en feuilles sous forme de carton; papier-mâché et carton-pierre non ouvrés poud	— 35
2) carton en feuilles et rouleaux (hormis celui dénommé aux §§ 1 et 4 du présent article) ; tôle pour toitures, goudronnée ou non ; carton et papier enduits ou imbués de résine, d'antiseptiques, de compositions insecticides, de salpêtre, de soufre; ouvrages en papier-mâché et en carton-pierre, hormis ceux dénommés à la remarque au présent § poud	— 60

Remarque. Les ouvrages en papier mâché et en carton-pierre, vernis et peints, présentant l'aspect d'ouvrages en bois tourné ou sculpté, acquittent les droits d'après l'art. 61 ; les mêmes, avec ornements de différentes matières, acquittent les droits d'après l'art. 215 (mercerie).

3) papier non collé de toute espèce, hormis celui spécialement dénommé, blanc ou de couleur, sans ornements ; papier réglé pour notes de musique et pour broderie, sans dessins poud	2 40
4) papier collé de toute espèce, hormis celui spécialement dénommé, blanc ou colorié en pâte, sans ornement ; cahiers avec couverture (mais non reliés) ; carton de Bristol et autre de toute espèce satiné et poli — en rouleaux, en feuille et découpé en bandes ou en cartes de visite; petits rouleaux pour pelotonner le fils ; papier collé sur tissu à claire-voie, sur toile ou sur gros calicot ; tissus transparents à calquer poud	4 —
5) papier peint et bordures pour tentures poud	6 —

6) papier à écrire, pour ouvrages de typographie, de lithographie, de reliure et de confiserie, avec ornements, tels que : dorure, argenture, bronzage, impressions, découpures en dentelles, dessins, appliques, bordures, armoiries, chiffres, images, etc. ; papier à cigarettes, papier fin à envelopper, dit de Chine; papier colorié sur un côté ou sur les deux

DÉNOMINATION DES MARCHANDISES	Droits. R. C. (en or)	
côtés (mais non colorié en pâte); ouvrages en papier : enveloppes, abat-jours, fleurs artificielles en papier et autres **poud**	10	60
7) parchemin végétal ; oléographies, gravures, estampes, dessins autres, reproduites au moyen de la typographie, de la lithographie, de la photographie ou de la phototypie **poud**	8	—
Remarque. Les oléographies, gravures, estampes, dessins et autres, reproduisant des tableaux et des dessins d'artistes russes sont exempts de droits d'entrée.		
8) reliures de tout genre et cartonnages [hormis ceux auxquels s'applique l'art. 215 (mercerie)] ; livres de comptes et de copie reliés ; reliures pour livres et albums, importés séparément **poud**	14	50
Remarque. Les cartonnages de tout genre, qui ne servent qu'à envelopper des ouvrages en papier, acquittent les mêmes droits que ces ouvrages, conjointement avec le poids de ces derniers.		
178. Livres, tableaux, cartes géographiques, etc. :		
1) tableaux, dessins et plans, faits à la main, ainsi que les manuscrits	exempts	
2) notes de musique, cartes géographiques et plans, reproduits au moyen de l'imprimerie de la lithographie ou de la photographie **poud**	4	—
3) livres et éditions périodiques imprimés en langues étrangères, sans en excepter ceux qui contiennent, dans le texte ou en annexes, des notes de musique, des cartes géographiques, des plans, des gravures et des dessins, reproduits au moyen de l'imprimerie, de la lithographie, de l'oléographie ou de la photographie	exempts	
4) livres imprimés à l'étranger en langue russe **poud**	3	—
Remarque. Tous les objets dénommés dans le présent article, importés en demi-reliures, acquittent un droit de 1 r. en or par poud ; ceux d'entre ces mêmes objets qui sont sujets aux droits d'entrée, ac-		

DÉNOMINATION DES MARCHANDISES	Droits. R. C. (en or)	
quittent cette somme en sus des droits.		
179. Produits végétaux filamenteux à l'état brut :		
1) coton en laine brut :		
a. importé par mer **poud**	1	20
b. importé par voie de terre **poud**	1	35
Remarque. Les bouts de fil de coton et les peignures de coton acquittent les droits d'après le présent article, § 1.		
2) jute brut **poud**	—	60
3) lin et chanvre non peignés ou peignés, étoupes de lin ou de chanvre, laine d'aiguilles de pin, lin de la Nouvelle-Zélande, chanvre de Manille, filaments d'orties et autres produits végétaux remplaçant le lin et le chanvre, à l'état brut	exempts	
180. Soie :		
1) cocons de soie, bourre de soie provenant du dépouillement des cocons et du travail de la soie grège ; bourette ou déchets provenant du peignage de la bourre de soie, — non peignés **poud**	—	30
2) soie grège ; ouate de soie ou déchets de soie peignés, non teints ou teints **poud**	1	—
181. Laine et poil non peignés, non filés :		
1) bruts (en suint) ou lavés, non teints ; bourre et peignures de laine non teintes **poud**	2	—
2) teints; laine artificielle (Kunstwolle, shoddy, mungo, laine renaissance) et tontisse de laine, rognures de drap de toute espèce et bourre de laine teinte. **poud**	3	—
182. Ouate de coton, cardée ou en feuilles gommées ; déchets de coton (peignure)		
1) non teints **poud**	2	20
2) teints ; coton teint ; ouate hygroscopique et antiseptique de coton **poud**	3	20
183. Coton filé :		
1) numéros inférieurs, jusqu'au n° 40 anglais :		
a. écru **poud**	4	20
b. blanchi et teint (hormis celui teint en rouge d'Andrinople) **poud**	5	40
c. teint en rouge d'Andrinople **poud**	5	70

DÉNOMINATION DES MARCHANDISES	Droits. R. C. (en or).	

2) depuis le n° 40 inclusivement jusqu'au n° 50 anglais, inclusivement :

a. écru poud	5	70
b. blanchi et teint poud	6	80

3) numéros supérieurs, au-dessous du n° 50 anglais :

a. écru poud	8	50
b. blanchi et teint poud	9	60

4) fils retors :

a. fil à coudre sur bobines en bois, préparé pour la vente au détail poud brut 9 —

b. fils retors en deux bouts et plus, de toute espèce, hormis le fil à coudre sur bobines en bois préparé pour la vente au détail.

poud brut 11 —

Remarque. Les câbles et les cordes en coton filé sont sujets au § 2, a, du présent article

184. Fil de jute, de lin, de chanvre et d'autres substances filamenteuses, dénommées à l'art. 179, § 3, non retors poud 6 —

Remarque. Le fil dénommé au présent article, retors, acquitte les droits d'entrée d'après l'art, 183, § 4.

185. Soie tordue (moulinée et torse) de toute espèce (organsin et trame), soie à coudre et fil de bourre de soie ou de déchets de soie, avec ou sans mélange de laine, de poil, de coton, de lin :

1) non teints :

jusqu'au 1er juillet 1893 poud	30	—
depuis le 1er juillet 1893 poud	40	—

2) teints :

jusqu'au 1er juillet 1893 poud	46	—
depuis le 1er juillet 1893 poud	56	—

186. Laine peignée, filée et torse :

1) peignée :

a) non teinte poud	5	50
b) teinte poud	7	—

2) laine filée avec ou sans mélange de coton, de lin ou de chanvre :

a) non teinte poud	9	—
b) teinte poud	10	50

3) laine retorse (en 2 bouts et plus) :

a) non teinte poud	10	50
b) teinte poud	12	—

Remarque. La laine filée, avec mé-

lange de soie, acquitte 30 0/0 en sus du droit d'entrée fixé par le présent article pour la laine filée sans mélange de soie.

187. Cotonnades écrues et blanchies :

1) tissus turcs (biasi) et mitkall donnant à la livre jusqu'à 8 archines carrées livre — 35

2) tissus, hormis ceux dénommés au § 1, donnant à la livre jusqu'à 12 arch. car. : tissus turcs (biasi) et mitkall donnant à la livre de 8 à 12 arch. car. livre — 46

3) tissus donnant à la livre plus de 16 arch. car. livre — 62

4) tissus donnant à la livre plus de de 16 arch. car. livre 1 35

188. Tissus de coton teints (y compris ceux teints en rouge d'Andrinople), chinés et imprimés :

1) tissus turcs (biasi), mitkall et indiennes, donnant à la livre jusqu'à 8 arch. car. livre — 62

2) tissus, hormis ceux dénommés au § 1, donnant à la livre jusqu'à 12 arch. car., tissus turcs (biasi), mitkall et indiennes, donnant à la livre de 8 à 12 arch., car. livre — 75

3) tissus donnant à la livre de 12 à 15 arch. car. livre — 92

4) tissus donnant à la livre plus de 16 arch. car. livre 1 45

Remarques générales aux articles 187 à 188.

1) Les mouchoirs, serviettes, nappes, mèches tissées, rubans, sacs, toiles sans fin pour fabriques et autres ouvrages du même genre, en coton, ainsi que les étoffes tricotées et le canevas de coton, acquittent les droits d'après les articles fixés pour les tissus de coton.

2) Les tissus de coton de toute espèce, mouchoirs, serviettes, nappes et autres ouvrages du même genre, avec appliques, or, argent ou clinquant, même avec léger mélange de soie et avec autres ornements, ainsi que les tissus en coupons de robes, acquittent les droits d'entrée d'après l'art. 188, § 4.

189. Velours de coton, peluche de coton et rubans de peluche de coton

DÉNOMINATION DES MARCHANDISES	Droits.	
	R.	C.
	(en or).	

livre — 60

190. Câbles, cordes et ficelles de jute, de chanvre, de lin, d'étoupes de chanvre ou de lin et d'autres produits végétaux filamenteux, dénommés à l'art. 179, § 3, — goudronnés et non goudronnés ; filets de pêche poud — 70

Remarque 1. Les cordes, ficelles, etc., contenant de la soie, de la laine et de la bourre de soie, acquittent les droits comme passementerie, selon la matière dont elles sont fabriquées.

Remarque 2. Les ficelles qui, ayant en longueur 5 sagènes pèsent moins de 1 loth (12 gr. 797), acquittent les droits d'entrée d'après l'article 183, § 4.

191. Sacs en jute et en toile, ainsi que tissus grossiers de jute pour sacs et emballages poud poud 2 60

Remarque. Les nattes en jute, en chanvre de Manille et autres végétaux semblables, acquittent les droits d'entrée d'après le présent article avec 50 0/0 en sus.

192. Tissus de lin, de chanvre, de jute et d'autres matières dénommées à l'art. 179, § 3, — hormis les tissus dénommés aux articles 191 et 193, — avec ou sans mélange de coton, ainsi qu'avec mélange d'oripeaux :

1) coutil pour matelas et pour meubles ; toiles damassées pour tapis et ameublement et autres tissus épais semblables livre — 50

2) toile à voiles, satin, tille, drillings (treillis) coutil, etc., et autres tissus semblables pour vêtements (tissus croisés et coutils pour vêtements) livre — 60

3) nappes, serviettes et essuie-mains (linge de table damassé et ouvragé) livre 1 —

193. Toile et batiste : de lin, de chanvre et d'autres matières filamenteuses dénommées à l'art. 179, § 3, mêlées ou non mêlés de coton, ainsi qu'avec mélanges d'oripeaux, écrues, cuites. blanchies, teintes, imprimés ou chinées livre 1 —

Remarque. Les mouchoirs de po-

DÉNOMINATION DES MARCHANDISES	Droits.	
	R.	C.
	(en or).	

che en toile ou en batiste, ourlés, mais sans aucune autre garniture ou façon, acquittent ces mêmes droits avec 20 0/0 en sus ; tous autres mouchoirs de poche en toile ou en batiste sont sujets aux droits d'après l'article visant la lingerie et les vêtements. Les tissus dénommés ci-dessus, contenant de la soie seulement sous forme de dessins brochés et de raies, acquittent 30 0/0 en sus des droits d'entrées fixés au présent article.

194. Toile cirée de tout genre (hormis celle de soie, sujette à l'article 197) et ouvrages divers en toile cirée ; toile à voiles, toile à fond de couleur ; prélarts ; tuyaux de chanvre pour pompes à incendie, seaux en toile de chanvre, courroies de transmission en chanvre on en coton livre — 20

195. Châles de soie, étoffes de soie tissées ou tricotées y compris les foulards (hormis ceux dénommés à l'art. 196), rubans et tresses en soie tissée, gaze de soie pour tamis de moulins, tulle de soie, koutnia et scham-aladja ; velours, peluche, chenille sous toute forme, de soie et demi-soie livre 7 50

196. Foulards unis et imprimés, en pièces et en mouchoirs livre 5 —

197. Châles de demi-soie, étoffes de demi-soie tissées ou tricotées, rubans et tresses tissées de demi-soie ; taffetas de soie, ciré ou gommé livre 3 —

Remarque aux art. 195, 196 et 197 :

Sous la dénomination de tissus et d'étoffes de soie il ne faut pas entendre seulement les étoffes et les tissus avec chaîne et trame en soie (ou en bourre de soie), mais aussi ceux avec chaîne en soie (ou en bourre de soie) et trame mi-partie en soie (ou en bourre de soie), mi-partie en coton lin ou laine, ou bien ceux avec chaîne mi-partie en soie (ou en bourre de soie) et mi-partie en coton de lin ou laine.

Sous la dénomination de tissus ou d'étoffes demi-soie il faut entendre

DÉNOMINATION DES MARCHANDISES	Droits. R. C. (en or).

ceux avec chaîne en soie et trame sans aucun mélange de soie (ou de bourre de soie), ou vice versa, avec trame en soie et chaîne sans aucun mélange de soie (ou de bourre de soie).

La règle énoncée dans la présente remarque ne s'applique pas aux mélanges de soie dénommés dans la remarque à l'art. 193 et dans les remarques générales aux art. 187, 188, 199 et 200.

198. Couvertures de lit en flanelle (en laine grossière), housses en laine pour chevaux, étoffes en laine feutrée pour chaussures et vêtements, cloches de feutre (hormis celles pour chapeaux), étamine et ceintures en laine sans mélange de soie livre — 55

199. Étoffes tissées et tricotées non spécialement dénommées, en laine ou en poil de chèvre, unies, chinées, avec ou sans mélange de coton :

a. de toute espèce, hormis celles dénommées au § b   1 20

b. en tissu de laine peignée ou avec mélange de ce tissu   1 50

200. Les mêmes tissus imprimés acquittent 30 0/0 en sus des droits fixés par l'art. 199.

Remarques générales aux art. 199 et 200.

1) Les étoffes de laine ou de poil de chèvre, avec chaîne ou trame seule en soie, acquittent les droits d'après les articles fixés pour les soieries ; celles de ces étoffes qui ne contiennent que des dessins ou des raies brochés ou brodés en soie, acquittent 30 0/0 en sus des droits d'entrée fixés aux articles 199 et 200.

2) Les châles, fichus, écharpes, couvertures, plaids et autres objets en laine ou en poil de chèvres, hormis ceux dénommés à l'art. 201, acquittent les mêmes droits que ces étoffes.

201. Tissus, châles, fichus, écharpes dans le genre de ceux de cachemire, avec chaîne en laine et trame en laine teinte ou trame en laine et

en soie teintes, avec ou sans mélange de coton, ainsi que les cachemires véritables et les cachemires français   livre   3 —

202 Tissus de laine et demi-laine, ainsi que drap à l'usage des fabriques et usines ; feutres de tout genre non teints, teints et imprimés ; lisières de drap ; objets découpés dans du feutre ou tressés en lisières de drap   livre   — 13

203. Tapis de laine de toute espèce,   livre   — 40

Remarque. Les chaînes de laine pour tapis, avec dessins imprimés, acquittent un droit de 5 r. en or par poud brut.

204. Calottes turques (fez) en laine, ornées ou non de paillettes   douzaine   2 40

205. Ouvrages tricotés, passementerie et bonneterie :

1) ouvrages tricotés, même avec traces de couture :

a en soie   livre   7 50

b. en demi-soie   livre   3 —

c. de toute autre espèce   livre   1 —

2) cordons et tresses de passementerie et de bonneterie, agréments, franges, glands, garnitures et autres ouvrages tressés :

a. en soie et demi-soie   livre   3 —

b. de toute autre espèce   livre   1 —

Remarque. Les ouvrages dénommés aux §§ 1 c. et 2 b. avec mélange de soie et de clinquant (or ou argent faux) en guise d'ornements, acquittent 30 0/0 en sus des droits d'entrée fixés par lesdits §§.

206. Tulle de coton :

1) pour meubles (antigras) avec dessins brodés et broché ; rideaux en tulle et en mousseline   livre   1 50

2) tulle de toute sorte, hormis celui ci-dessus dénommé, en pièces, uni et avec dessins (broché ou brodé)   livre   3 50

207. Dentelles, broderies, entredeux :

1) dentelles de toute sorte faites à la main, dentelles de soie faites à la machine (blondes) ; broderies et entre-deux de soie   livre   7 50

2) dentelles faites à la machine

DÉNOMINATION DES MARCHANDISES	Droits. R. C. (en or).	

(garnitures), hormis celles de soie ; broderies et entre-deux, hormis ceux de soie   livre | 3 | 50

208. Tissus brodés :

1) de soie d'or, d'argent, de clinquant (hormis les broderies en or), acquittent les droits selon la matière du tissu, avec 50 0/0 en sus.

2) brodés de laine, de coton, de jais, de verre, de fausses perles et autres matériaux communs, acquittent les droits selon la matière dont sont faits les tissus, avec 30 0/0 en sus.

Remarque. Pour les tissus de coton le montant de la surtaxe est calculé d'après les droits d'entrée fixés à l'art. 188, § 4.

209. Linge et vêtements confectionnés en tout ou en partie :

1) linge de toute sorte en tissus de coton, de lin ou de laine, marqué, mais sans autres ornements ou garnitures   livre | 1 | 80

2) linge de toute sorte (hormis celui de soie ou demi-soie, sujette aux droits du § 6 du présent article), garni de dentelles, d'entre-deux, etc., ainsi que le linge brodé   livre | 2 | 40

3) vêtements pour hommes, avec ou sans garniture :

a) en tissus de coton, de lin et de chanvre   livre | 1 | 55

b) en tissus de laine   livre | 2 | —

4) vêtements pour dames et enfants et autres articles de toilette, hormis ceux spécialement dénommés, en tissus de toute sorte, hormis ceux en tissus de soie ou demi-soie :

a) confectionnés, sans les garnitures dénommées à la lettre *b.* du présent §   livre | 2 | 70

b) garnis de rubans, de velours, de fourrure, de dentelles, de broderies, en quantité moindre que la matière même dont est fait le vêtement   livre | 4 | —

5) les mêmes vêtements faits de deux tissus et plus, dont l'un est en soie ou demi-soie et dont la quantité ne dépasse pas celle de l'autre tissu avec ou sans garniture   livre | 6 | —

6) vêtements de toute espèce et autres articles de toilette, hormis ceux spécialement dénommés, pour hommes, dames et enfants, en velours, demi-velours, tissus en soie ou demi-soie, avec ou sans garniture, ainsi que vêtements de toute espèce, dans lesquels ces tissus ou les garnitures faites de ces tissus prédominent   livre | 8 | 40

7) chapeaux et autres coiffures de tout genre pour dames, garnis de rubans, de fleurs, de plumes, etc.   livre | 18 | —

Remarque 1. Les fourrures, vêtements et objets d'habillement en fourrure, cousus, mais non recouverts d'une étoffe quelconque, acquittent les droits selon la fourrure dont ils sont faits (art. 56), avec une augmentation de 50 0/0.

Les vêtements et objets d'habillement en fourrure, recouverts d'étoffe, ainsi que les bonnets fourrés acquittent les droits d'après les §§ 3, 4, 5 et 6 du présent article.

Remarque 2. Les caparaçons, couvertures, rideaux, stores et autres objets de même genre, ourlés, mais sans aucune autre garniture, acquittent les droits selon la matière principale dont ils sont faits ; ces mêmes objets garnis acquittent les droits selon la matière dont ils sont faits, avec une augmentation de 25 0/0.

210. Chapeaux :

1) chapeaux en poil, demi-poil, feutre (woïlok) et en tissus de tout genre, achevés ou préparés   pièce | 1 | 2

2) cloches feutrées en poil ou en laine pour chapeaux, teintes, ou non teintes, ne présentant aucune forme de chapeaux   pièce | — | 50

3) chapeaux de cuir et de cuir verni   livre | 1 | 75

4) chapeaux de paille et chapeaux cousus en tresses de tout genre imitant la paille et formées de produits végétaux, avec ou sans mélange de soie et de clinquant   livre | 4 | —

5) casquettes de toute sorte, sans fourrure   pièce | — | 50

Remarque 1. Les chapeaux pour dames, avec garniture, c'est-à-dire

DÉNOMINATION DES MARCHANDISES	Droits. R. C. (en or).

avec rubans, plumes, fleurs, dentelles et autres matières servant à orner les chapeaux, acquittent les droits d'après le § 7 de l'art. 209 (lingerie et vêtements) ; les formes ou chemises pour chapeaux de dames, en tissus de coton à claire-voie et amidonné, avec les carcasses, acquittent les droits d'après l'art. 210, § 1.

Remarque 2. Les casquettes avec bordure en fourrure et les bonnets fourrés acquittent les droits d'après la remarque 1ere à l'art. 209 (lingerie et vêtements).

211. Parapluies, parasols et cannes à parapluies :

1) de toute espèce, recouverts de tissu de soie ou demi-soie, avec ou sans doublure, avec ou sans garniture — pièce — 2 50

2) de toute sorte, recouverts d'étoffe de laine, avec ou sans garniture ; parapluies et parasols de tout genre non spécialement dénommés, avec garniture ou avec pommeaux ornés — pièce — 1 —

3) parapluies ou parasols de toute espèce, non spécialement dénommés, recouverts ou non recouverts d'étoffe, sans garniture, avec pommeau uni — pièce — 50

212. Boutons :

1) en nacre et boutons métalliques de toute espèce, hormis ceux en or, en argent ou en platine (art. 148) ; boutons de toute espèce, en lin, coton, laine et soie — livre — 80

2) en porcelaine, verre, bois, os, et autres — livre — 40

213. Plumes apprêtées d'autruche; de marabout, d'oiseaux de paradis et autres semblables, plumages et tissus en plumes pour garniture de vêtements ; fleurs artificielles, hormis celles en porcelaine, faïence, papier et cuir ; plantes décoratives artificielles, avec mélanges de matières précieuses — livre brute — 8 —

Remarque 1. Les plumes et les peaux d'oiseaux rares ou communs garnies de plumes imitant les plumes de prix, non appréciées, ainsi que les parties détachées de tout genre de fleurs artificielles, acquit-

DÉNOMINATION DES MARCHANDISES	Droits. R. C. (en or)

tent un droit d'entrée de 4 r. en or par livre.

Remarque 2. Les plantes décoratives artificielles avec ou sans fleurs, mais sans mélange de matières précieuses, acquittent un droit d'entrée de 2 r. en or par livre.

214. Jais, fausses perles et rassades en verre, en métal et autres matières communes :

1) détachés ou sur fils, sous forme de chapelets, pelotes ou écheveaux d'une seule couleur, de la même grosseur et de la même forme — poud — 5 —

2) ouvrages en jais, rassades et fausses perles, même avec mélange d'autres matières — livre — — 50

215. Articles de mercerie et de toilette, non spécialement dénommés, montés ou non montés ; jouets d'enfants :

1) mercerie fine, contenant des matières de prix, telles que : soie, aluminium, nacre, corail, écaille, ivoire, émail, ambre et autres matières précieuses, métaux dorés ou argentés et compositions métalliques ; ouvrages de toute espèce non spécialement dénommés, en nacre, écaille, ivoire et ambre — livre — 2 —

2) mercerie commune, avec parties, montures ou ornements en métaux non précieux et alliages métalliques (non dorés et non argentés), en corne, os, bois, porcelaine, pierres gemmes, verre, écume de mer, baleine, jais, celluloïde, lave et autres matières de bas prix ; ouvrages de toute espèce, non spécialement dénommés, en corne, os, écume de mer, baleine, jais, celluloïde, lave et cire — livre — — 50

3) les objets auxquels peuvent s'appliquer les définitions du présent article, en cuivre ou alliages de cuivre, sans ornements gravés, ou en relief, même les objets estampés (art 149, § 1), en fonte, fer, acier, étain, plomb et zinc, pesant moins de 3 livres la pièce, sans mélange d'autres métaux — livre — — 25

Remarque 1. Les objets dont l'or, l'argent ou le platine constituent d'une manière évidente la valeur

DÉNOMINATION DES MARCHANDISES	Droits. R. C. (en or).

principale, acquittent les droits d'entrée d'après l'article fixé pour les ouvrages en or et en argent.

Remarque 2. Les ouvrages en bois, avec ornements en cuivre ou alliages de cuivre, marqueterie, et incrustations, pesant plus de 3 livres la pièce, acquittent les droits d'après l'art. 61, § 4 ; ceux qui pèsent moins de 3 livres sont soumis aux droits fixés par les §§ 1 et 2 du présent article, selon les matières qui constituent la valeur principale dans les ornements et la marqueterie.

Remarque 3. Les étuis des objets auxquels s'applique le présent article, acquittent les droits selon les matières dont ils sont confectionnés.

216. Objets de garniture de bureau, accessoires de dessin et de peinture, non dénommés dans d'autres articles, assemblés ou non, tels que : crayons et plumes à écrire de toute espèce, portes-plumes, encriers, porte-crayons, pains à cacheter, taille-crayons, presses à timbres, etc., conjointement avec le poids des boîtes dans lesquelles ils sont importés

livre — 40

Remarque 1. Les porte-plumes, porte-crayons et autres objets ci-dessus dénommés, en métaux précieux, acquittent les droits d'après l'article relatif aux ouvrages en or et en argent.

Remarque 2. Les ardoises acquittent les droits fixés à l'art. 70, § 2, *a*, avec 50 0/0 en sus.

217. Objets destinés aux musées, collections ou cabinets d'archéologie, de numismatique et d'histoire naturelle, tels que : animaux, oiseaux, poissons empaillés, etc. (hormis les coquillages) ; plantes desséchées sur papier, animaux conservés dans l'esprit-de-vin, minéraux ; pétrifications, momies et antiquité : égyptiennes, grecques, romaines, etc., médailles, monnaies anciennes et autres objets rares, — dans les cas où ils sont importés par pièces ou collections séparées et ne constituent point des marchandises   exempts

DÉNOMINATION DES MARCHANDISES	Droits. R. C. (en or).

218. Echantillons de tissus et d'ouvrages de toute espèce n'ayant pas la forme et le caractère de marchandises   exempts.

MARCHANDISES PROHIBÉES

219. Monnaies d'échange russes de cuivre et d'argent, et toutes monnaies étrangères de cuivre et d'argent à bas titre.

220. Poudre à feu, compositions pour la poudre à feu et compositions fulminantes.

Remarque. La poudre à feu et les matières explosibles, qui ne peuvent être importées qu'avec une autsrisation spéciale du ministre des finances (*Code des lois*, tome VI, *Règlement douanier*, art. 12, *remarque*), acquittent les droits de douane suivants :

a. poudre à feu   poud brute   1   40

b. dynamite et toutes les matières explosibles et compositions fulminantes, ainsi que tous les accessoires pour produire des explosions, tels que : fils pour allumer, mèches électriques, amorces et autres, non spécialement dénommés   poud brut   3   —

221. Munitions de guerres, canons, mortiers, boulets, bombes, etc.   —   —

222. Armes à vent, ainsi que cannes, bâtons et tuyaux de pipes avec poignards, épées ou autres armes secrètes   —   —

223. Cartes à jouer de toute espèce   —   —

224. Baies dites pour la pêche (*baccae oculli indici*)   —   —

225. Produits de margarine   —   —

226. Safran artificiel   —   —

II. Tableau des droits de sortie.

1. Phosphorites ; os bruts et ouvrés :

a. phosphorites (hormis les phosphorites moulus), os non ouvrés de toute espèce, en morceaux, broyés (gruau d'os), pilés ou autrement concassés, hormis ceux réduits à l'état de poudre, os calcinés en morceaux ou en poudre (cendres d'os)   poud brut   —   12

DÉNOMINATION DES MARCHANDISÉS	Droits. R. C. (en or).
b. phosphorites moulus (farine de phosphorites), farine d'os, os moulus, traités ou non traités à l'acide sulfurique, charbon d'os, noir d'os	exempts
2. Œufs de vers à soie livre	2 —
3. Chiffons et drilles de toute espèce, rognures de laine et demi-pâte de papier poud	— 30
4. Calamine (minerai de zinc) crue, grillée ou en poudre ; minerai de cuivre et minerai de plomb poud	— 3
5. Minerai de fer et scories provenant de la fabrication du fer, par les douanes de la Pologne	prohibés

Remarque. Le minerai de fer provenant des mines de la Pologne, ainsi que les scories des forges de cette contrée, ne peuvent être exportés par les douanes de la Pologne que sur une autorisation spéciale du ministre des finances et du ministre des domaines, avec un droit de 1 cop en or par poud.

| 6. Bois de palmier et de noyer, ainsi que loupes de noyer   poud | — 30 |
| 7. Toutes les autres marchandises, hormis celles dénommées dans le présent tableau | exempts |

LISTE

DES MÉDICAMENTS PRÉPARÉS, DONT L'IMPORTATION EN RUSSIE EST AUTORISÉE PAR LE CONSEIL MÉDICAL ET QUI ACQUITTENT LES DROITS D'APRÈS L'ART. 131 DU TARIF.

Anker Feigenhonig. — Anti-goutteux Genevois à l'huile de Marrons d'Inde.

Bischop's granular effervescent of magnesia. — Borrough's Hazeline. — Bromure de potassium granulé de Mentel.

Camomille drops. — Capsules à l'huile de foie de morue, à l'huile de ricin, au baume de Copahu, au baume de Copahu et Cubèbes. — Capsules au bromure de camphre du Dr Clin. — Capsules Cubèbes, d'essence de Santal Midy, d'éthérolé de chloral, de goudron Guyot, d'essence de térébenthine, de Raquin, Mathey-Caylus au Copahu, fer et essence de Santal. — Capsules Mathey-Caylus au Copahu, Cubèbes et essence de Santal. — Capsules Matico de Grimault et Cie. — Capsules Morrhuol.— Capsules Mothes, Mothes Lamoureux et Cie. Cataplasme au Ficus crispus du Dr Lelièvre —

Cataplasme instantané du Dr Lelièvre. — Cement plombe « Odontolite » v. H. Asch und Söhne in London. — Chelone glabra. — Chloral Perlé de Limousin. — Cigarettes antiasthmatique (1) et Espic, préparées par le pharmacien Massat à Paris. — Gonz'sches Mollin Salbengrundlage. — Copahine Mège de Jöseau.— Corn plaster.

Dragées au bromure de camphre du Dr Clin. — Dragées de Cubébine de Labelonye. — Dragées de lactate de fer de Béral et de Gelis et Conté. — Dragées de Meynet d'extrait concentré de foie de morue. — Dragées de pyrophosphate de fer et de soude de Robignet. — Dragées ferrugineuses du Dr Rabuteau. —Dragées Girard au protoxolate de fer. — Dragées hydrate de chloral (chloral perlé;. — Dragées laxatives au tamarindes de Laurent.

Eau anti-ophtalmique de Loche. — Effervescing Lozenges. — Emplâtre révulsif du Thapsia. — Enos fruit salt. — Essence of gigner Oxleys, et de Salsepareille de Colbert. — Extrait de Coca.

Fer Girard, protoxolate de fer.

Gazeol de Burin du Buisson. — Germans corn plaster. — Goudron perlé. — Grains de Meynet d'extrait concentré de foie de morue. — Granulae effervescent of magnesia. — Granular effervescent citrate, Knoron os citrate of magnesia. — Guarano Grimault.

Harlemer Tropfen. — Huile de foie de morue émulsionnée pour la pancreatine Defresne.

Injection au Matico des frères Montreuil et Cie. — Injection végétale de Matico de Grimault et Cie. — Ipecacuanha Lozenges.

Jus de réglisse en bâtons avec mélange d'anis.

Karlsbader Sprudel Pastillen.—Karpatischer Thee (1). — Kiesow's Augsburger Lebens-Essenz. Kissingener Pastillen.— Klepperbein's magen-und nervenstärkendes Pflaster. — Kousso granulé de Mentel.

Lipanin Kohlbaums. — Loeflund's Malz-Extract mit Chinin. — Loeflund's Malz-Extract mit Etsen, reines und concentrirtes. Loeflunds Malz-Extract mit Kalk.

Magnesia aperient Moxons, granulé de Mentel, et Lozenges. — Mattonis Giesshübler Pastillen. — Mouches de Milan. — Moutarde en feuilles de Rigollot.

(1) Les médicaments homéopathiques dont l'importation en Russie est autorisée sont énumérés dans une liste spéciale.
(2) Seulement pour pharmacies et droguistes.

Oxley's concentreted essence of Jamaica Ginger.

Pancreatine de Defresne. — Papier épispastique d'Albespeyres. — Papier Fayard et Blayn et Wlinsy. — Paraguay Roux. — Paregoric Lozenges. — Pastilles de Carlsbad Segnees, de charbon du Dr Belloc, digestives de Bilin, Pyrophosphate de fer et de soude de Leras. — Pastilles de Tamar Indien Grillon, Geraudel. Pâte pectorale d'Aubergier. — Pepsin-Essenz v. E. Schering in Berlin. — Pepsin-Wein. — Pepsinum germanicum plane solubile Witte. — Pepsine en poudre. — Peptone en poudre sèche. — Perles d'essence de Santal de Ravel et Barberen. — Perles de sulfate de quinine du Dr Clertan. — Perles d'essence de térébenthine du Dr Clertan. — Perles éthérolées d'assa-fœtida, de castoreum, de térébenthine, de Valériane. — Phénol sodique Bobœuf. — Phosphate de chaux granulé de Mentel. — Phosphate de fer soluble, ou pyrophosphate de fer et de soude de Leras. — Pilules à l'iodure de fer Blancard. — Pilules au bromure de camphre du Dr Clin. — Pilules de carbonate ferreux de Vallet. — Pilules de poudre de Scordium du Dr Lebel. — Pilules d'extrait de Scordium composé du Dr Lebel. — Pommade vésicatoire végétale de Buchner. — Poudre de charbon de Belloc, purgative de Rogé, de Guarana Grimault et Cie. — Prises de Paulinia de Fournier et de Grimault et Cie. — Protoxalate de fer de Girard. — Pyrophosphate de fer effervescent Le Perdriel.

Racahout des Arabes de Délangrenier. — Reines Malz-Extract v. Gehe et Cie in Dresden — Rob dépuratif végetal du Dr Boyveau Laffecteur. — Rommershausens Augenessenz. — Rousseau, viande en poudre.

Sandwell's Plaister. — Schering's Pepsine-Essenz. — Seidlitz Chanteau. — Seidlitz powder. — Sinapismes de Ruef. — Sirop de dentition de Delabarre, d'iodure de fer de Blancard, raifort iodé de Grimault et Cie. — Sodaic powders. — Spiritus foliorum pini silvestris. — Sterrés Opodeldoc. — Sterris poormans plaster. — Succus liquiritiæ anisatus.

Tamar Indien, fruits laxatifs-rafraîchissants de Grillon. — Tinctura antipyretica Eucalypti globuli (1).

Véritable extrait de Malt de Dr Link, ferrugineux. — Vésicatoire d'Albespeyres. — Vin de pepsine digestif de Boudault. — Vin tonique Mariani à la coca de Pérou.

LISTE

DES REMÈDES HOMŒOPATHIQUES, DONT L'IMPORTATION EST AUTORISÉE D'APRÈS L'ART. 113 DU TARIF.

Actea spicata. — Aconitum cammarum. — Ailanthus. — Aianthus glandulosa e seminibus. — Aletris. — Ambra grisea. — Amphisbaena. — Anacardium accidentale. — Anagyris fœtida. — Anemone nemorosa et ludoriciana. — Antimonium oxydatum. — Argentum metallicum. — Aristolochia rotunda. — Armadillo officinarum. — Arnica Haarol Dris W. Schwabe. — Arsenicum rubrum. — Arum dracunculus et italicum. — Aristoloch, andr. — Arundo. — Arund. a. — Asimina triloba. — Asclepias B. — Aurum fulminans, metallicum, sulfuratum.

Betula alba. — Bombyx chrysorrtoea, processionea. — Botrops lanceolatus. — Bounafa. — Bryonia alba. — Bufo, — Bufo cinereus.

Canabis sativa. — Carya alba. — Castanea vesca. — Cainca B. — Cedron. — Ceanothus americanus. — Centaurea tagana. — Cereus Bonplandii. — Cervus brasilicus. — Chelone C, D, et E. — Chamomilla romana. — Chenopodium ambrosioides. — Chemaphilla umbellata. — Chrysolithum. — Cistus. — Coffea cacti et arabica. — Comocladia dentala. — Convolvulus duartinus. — Coriaria rusifolia. — Colinson A. et B. — Crotalus durissus. — Cynaphalium polycephalum. — Cyclamen.

Daphne indica B et laureola. — Datura arborea. — Delphininum. — Delphinus amasonicus. — Dematium petreum. — Derris pinnata. — Diacsorea B. et C. — Dictamnus albus et foliis. — Digitaxinum.

Elotorium B. I., C. et D. — Epilobium palustre. — Eryngyum maritimum. — Essences préparées avec les plantes :

Acalypha indica, Acanthus mollis, Aconitum Napellus, Aesculus glabra, Agave americana, Alianthus glandulosa, Aletris farinosa, Aluus serrulata, Ampelopsis quinquefolia, Anatherum muricatum, Apocynum androsaemifolium, Aralia racemosa, Arnica montana, Arum triphyllum, Arundo mauritanica, Asarum canadense, Asclepias syriaca, Asclepias tuberosa, Baptisia tinctoria. Bovista (Lycoper-

---

(1) Seulement pour pharmacies et drogueries.

don Bovista), Bucco (Barosma crenata), Cactus grandiflorus, Caïnca (Chiococca racemosa), Caladium Seguinum, Calla ethiopica, Caulophyllum thalictroides, Chelone glabra, Cistus canadensis, Collinsonia canadensis, Cypripedium pubescens, Dioscorea villosa, Chionanthus virginica, Elaterium, Ecbalium, Eupatorium aromaticum, Euphorbia corollata, Fraxinus americana, Fucus vesiculosus, Gelsenium nitidum, Hamamelis virginica, Helonias dioica, Hura brasiliensis, Hydrastis canadensis, Iris versicolor, Kalmia latifolia, Lachnantes tinctoria, Lilium tigrinum, Lobelia inflata, Lycopus virginicus, Murure leite (Yrichtea officinalis), Myrica cerifera, Narcissus Pseudonarcissus, Ocimum canum, Passiflora incarnata, Phytolacca decandra, Podophyllum pelatum, Pulsatilla Nuttalliana, Rhus toxicadendron, Rhus venenata (Toxicodendron pinnatum), Robinia pseudoacacia, Sarracenia purpurea, Senecio gracilis, Syzygium jambolan, Solanum Lycopersicum, Spigelia Anthelmia, Zizia aurea.

Eupatorium Cannabium, perfoliatum. — Eupatorium purpureum. — Euphorbia amygdaloides, hypericifolia, lathyris, et sylvestris. — Euphrasia officinalis.

Fagopyrum esculentum. — Fluoris acidum. Fraxinus, B., C et D. — Frichtea B et C.

Gentiana amarella. — Geranium dissectum. — Glonoinum. — Gloriosa superba. — Guarea trihiliaides.

Elleborus orientalis. — Hydrophyllum virginicum. — Hydropiper.

Iatropha urens. — Ignatia amara. — In dium.

metallicum. — Iris fœtidissa. — Iuniperus virginiana.

Lactucin. — Lachesis. — Lycopodium II, B. C, D.

Mentha pugelium. — Molibdaenum sulfuratum. — Murure. — Muscarinum. — Myrica B, C et D.

Narcotinum. — Narcissus A, B, C et D. — Nicolum sulfuricum.

OEnothera biennis. — Opuntia vuloaris. — Ottonia anisum.

Palladium. — Passiflora, A. B, C. et D. — Petiveria tetrandra. — Petroselinum e seminibus. — Peucedanum officinale. — Pimpinella alba. — Pinus abies et lambertiana. — Plantago major. — Platinum metallicum. — Plica. — Plumbum metallicum. — Polygonum aviculare. — Polyporus pinicola. — Pulsatilla B. C, D, E et nutaliana. — Pyrocarbon.

Ranunculus bulbosus. — Rumex crispus.

Salix alba. — Sambucus canadensis. — Santalum album. — Saponinum. — Sphingurus Martini. — Spigelia A, B, C et D. — Stachys recta. — Stannum metallicum. Syzyg Jamb, A, B, C, L, F, — Symphytum racemosum et officinale.

Tabacum e seminibus. — Tarantula. — Tetradimitum. — Teucrium creticum. — Thymus vulgaris. — Tryonocephalus jararaca.

Uranium chloratum.

Verbena hastaca. — Veronica Beccabunga. — Viola odorata. — Vipera berus. — Vulpis fel.

Zincum et zincum lacticum.

Paris. — Typ. A. DAVY, 52, rue Madame. — *Téléphone*.

TABLE DES MATIÈRES

LE MONDE ECONOMIQUE

Journal hebdomadaire paraissant le samedi.

Rédacteur en chef : PAUL BEAUREGARD.
Professeur d'Économie politique à la Faculté de droit de Paris.

Comité de Rédaction scientifique
Présidé par M. LÉON SAY.

Ce journal :

Dans sa partie économique, s'occupe de toutes les questions qui intéressent le mouvement *social* et *économique* (agriculture, industrie, monnaie, banques, tarifs douaniers, grèves, assistance, coopération, épargne, etc., etc.)

Dans sa partie commerciale, il offre, outre des indications variées sur les principaux marchés, un ensemble unique de renseignements sur tous les faits qui intéressent le commerce rançais dans ses relations avec l'étranger (débouchés, concurrence internationale, voies de communication, modifications apportées à l'outillage des ports, etc.). Ces renseignements, puisés dans les Bulletins consulaires de toutes les nations et dans les recueils spéciaux de toutes langues, constituent une publication sans précédent, propre à rendre aux commerçants les plus grands services.

Dans sa partie financière, il donne, avec la plus entière indépendance, tous les renseignements qui peuvent être utiles aux capitalistes.

Prix de l'abonnement :

France   : un an, **36** fr. — 6 mois : **20** fr.
Etranger : un an, **40** fr. — 6 mois : **22** fr.

On s'abonne aux bureaux du journal : **4, rue Bernard-Palissy, Paris,** chez tous les libraires et dans les bureaux de poste.

Paris. — Typ. A. DAVY, 52, rue Madame. — *Téléphone.*

www.ingramcontent.com/pod-product-compliance
Lightning Source LLC
Chambersburg PA
CBHW070716210326
41520CB00016B/4363